干部法律知识学习手册

实用导图版

八五普法图书中心◎著

中国法制出版社
CHINA LEGAL PUBLISHING HOUSE

出版说明

近些年，随着全面依法治国的不断推进，我国的社会主义法治建设发生了历史性的变革，取得了历史性的成就，全民法律意识得到空前的提高。法律所体现的公平与正义深入人心，大家在遇到纠纷、侵权等情形时，能够第一时间把“依法办事”“依法维权”作为指导原则，从而为建设法治大环境增加了人民群众方面的坚实力量。

全面推进依法治国，既要坚持科学立法、严格执法、公正司法，也要坚持全民守法。其中，守法不仅仅是从其字面意思理解的“遵守法律规定”，还是在运用法律的层面上体现的“依法办事”“使用法律维权、解决问题”。可以说，用法才是守法的最高境界。那么，如何才能做到“用法”呢？首先要学法、知法、懂法。

不得不说，随着大家法律意识的提高，各界人士的学法积极性在不断地高涨，积极开展法律学习活动。特别是随着《中华人民共和国民法典》的出台，全民学法达到了空前的高潮。为了迎合这一契机，帮助大家学习、运用法律，我们特别组织编写了一套《法律知识学习手册（实用导图版）》，希望能给大家带来帮助。

在这套书中，各分册的内容设置以读者对象为基础，如干部、公务员、农民、青少年、职工、社区工作者等，专门选取了与其工作和生活贴近的法律知识，进行深入浅出的分析，具有很强的实用性与代入感。特别要指出的是，在每一章节，我们制作了“法律知识思维导图”，能够让读者一目了然，快速学习法律知识。读者朋友可以根据自身需要来进行选购，相信总有一册是与您密切相关的！

最后，我们希望本套书能为全面依法治国大计贡献绵薄之力！希望本套书能成为读者朋友学习法律知识的得力助手！同时，希望读者朋友多提宝贵意见！

目录／Contents

第一章　宪法法律知识

1. 县级人大常委会委员可以撤销县政府的错误命令吗？/ 6
2. 全国人大代表是不能被逮捕的吗？/ 8
3. 言论自由是无限制的吗？/ 10
4. 宪法是否保护公民的举报权？/ 12
5. 选民可以要求罢免人大代表吗？/ 14
6. 基于审理刑事案件的需要，法院可以私拆被告人的信件吗？/ 17

第二章　选举法律知识

7. 人大代表候选人未获得参加投票的选民过半数的选票的，能当选吗？/ 24
8. 人大代表被罢免的，其在人大的相应职务还存在吗？/ 27
9. 地方人大代表迁出本行政区域的，还能再继续担任人大代表吗？/ 31
10. 被依法剥夺政治权利的人是否享有被选举权？/ 33
11. 选民是否可以罢免自己选出的人大代表？/ 36
12. 县级人大代表提出辞职的，需经由怎样的程序？/ 39
13. 地方人大代表调离本行政区域的，是否还能享有代表资格？/ 42

14. 通过贿赂选民当选人大代表选举的，其当选是否有效？/ 45

第三章　行政法律知识

15. 聚众扰乱公共秩序的，该怎么处理？/ 56
16. 地方性法规设定限制人身自由的行政处罚合法吗？/ 59
17. 有数量限制的行政许可，有多人进行申请时应如何处理？/ 61
18. 在行政复议过程中，被申请人是否可以要求申请人提供证据？/ 63
19. 行政复议机关在复议期间是否可以停止具体行政行为的执行？/ 66
20. 行政复议中，被申请人在收到申请书副本后应以何种形式做出答复？/ 68
21. 有关机关对于信访事项进行拖延，应当如何进行处理？/ 70
22. 信访人诬告陷害他人的，应当承担怎样的法律后果？/ 72
23. 行政催告应当包含哪些事项？/ 74
24. 在紧急情况下，行政机关是否可以在夜间进行强制执行？/ 76
25. 行政强制措施可以委托给他人进行吗？/ 78
26. 公民死亡后，行政强制执行还有必要进行吗？/ 81
27. 强制拆除违法建筑物的，应该按照怎样的程序进行？/ 83
28. 违法后主动挽回危害后果的，能减轻处罚吗？/ 85
29. 信访办工作人员将检举材料转交给被揭发人的，会受到怎样的处罚？/ 88

第四章　纪检监察法律知识

30. 监察人员办理与其近亲属有利害关系的监察事项时，应当回避吗？/ 97
31. 监察人员有权查询涉案人员的存款吗？/ 99

32. 被监察机关提请协助的行政部门，应当给予协助吗？/ 101
33. 监察过程中发现其他犯罪的，应当如何处理？/ 103
34. 被监察人员伪造证据的，要承担什么法律责任？/ 106
35. 被监察人员就监察机关所提问题保持沉默的，会有什么后果？/ 108

第五章 公务员法律知识

36. 公务员可以越级晋升吗？/ 117
37. 公务员晋升为领导后没经过试用期，合法吗？/ 119
38. 领导干部在受处分期间，可以不晋升级别只晋升职务吗？/ 121
39. 领导干部可以在外面兼职吗？/ 123
40. 公务员执行任务时，发现命令有错的，应当怎么办？/ 125
41. 被辞退的公务员可以享受失业保险吗？/ 127
42. 在公开选拔中泄露试题的领导干部，应该如何处理？/ 129
43. 领导干部退休后，可以从事与原工作直接相关的营利性活动吗？/ 132
44. 公务员退休后，还能享受国家给予的待遇吗？/ 134
45. 行政机关公务员主动交代违法违纪行为的，可以从轻处分吗？/ 136
46. 公务员受处分期间不可以调任吗？/ 139

第六章 国家赔偿法律知识

47. 当事人受到行政机关殴打、虐待造成损害的，是否可以申请行政赔偿？/ 147
48. 因当事人的行为致使损害发生的，国家是否承担赔偿责任？/ 150
49. 因复议机关的复议决定造成损害加重的，复议机关是否承担赔偿责任？/ 152

50. 在行政赔偿案件中，国家对于举证责任的分配是如何规定的？/ 155
51. 赔偿义务机关是否可以向在处理案件中有贪污受贿行为的行政机关工作人员行使行政赔偿追偿权？/ 158
52. 非法拘禁造成精神伤害的，当事人是否可以申请精神损害赔偿金？/ 161

第七章　刑事法律知识

53. 我国刑法中的“剥夺政治权利”都包括哪些权利呢？/ 171
54. 职务上负有特殊义务的人员能否适用紧急避险？/ 174
55. 行为造成了恶劣的社会影响，一定会构成犯罪吗？/ 176
56. 犯罪后主动投案自首，是否可以减轻处罚？/ 178
57. 非法搜查他人身体的，可能受到什么样的处罚？/ 180
58. 妻子利用丈夫的地位私自受贿的，二人构成共同犯罪吗？/ 182
59. 收受他人钱财但未为他人谋取到利益，是否构成犯罪？/ 184
60. 国家工作人员无法说明个人巨额财产的来源，是否构成犯罪？/ 186
61. 因玩忽职守造成重大损失，构成什么犯罪？/ 188

第八章　社保法律知识

62. 未缴满最低年限 15 年，是否可以享受养老保险？/ 196
63. 退休前意外死亡，养老保险金如何处理？/ 198
64. 职工基本医疗保险可以支付国外的医疗费用吗？/ 200
65. 上班路上救火受伤可以享受工伤保险待遇吗？/ 202
66. 被开除的人员，可否享受失业保险待遇？/ 204
67. 住房公积金可以用来购买商铺吗？/ 206
68. 异地购买住房可以使用住房公积金吗？如何使用？/ 208

69. 提取住房公积金应履行什么手续？/ 210
70. 公积金账户余额与个人计算的金额有差距时，该怎么做？/ 213
71. 出售社会保险个人权益记录的行为，将受到怎样的处罚？/ 215
72. 国家工作人员违法减免用人单位应当缴纳的社会保险费的，应受怎样的处罚？/ 217

第九章 行政诉讼法律知识

73. 行政诉讼中，被诉行政机关负责人不能出庭时，能否委托其他人出庭？/ 226
74. 行政诉讼中，原被告双方谁承担举证责任？/ 228
75. 行政诉讼中，在什么情况下被诉行政机关经法院准许可以补充证据？/ 230
76. 行政诉讼中，被告认为原告起诉超时效，由谁承担举证责任？/ 232
77. 行政诉讼中，原告提供的证据不成立时，被告是否还需要证明被诉行政行为的合法性？/ 234
78. 行政诉讼中，被告在诉讼程序中收集的证据可以证明被诉行政行为合法吗？/ 236
79. 行政诉讼中，被诉行政机关以胁迫手段使原告撤诉的，会受到处罚吗？/ 238
80. 行政诉讼中，发回重审的信息公开案件可以适用简易程序吗？/ 240
81. 行政诉讼中，鉴定书中鉴定内容不全的，应当如何处理？/ 242

第一章
宪法法律知识

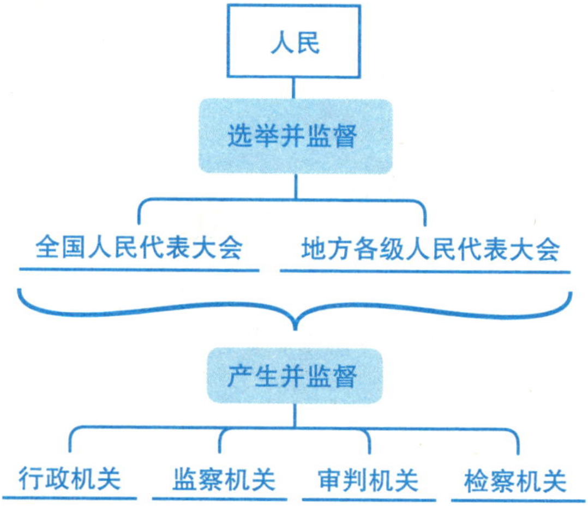
人民
选举并监督
全国人民代表大会
地方各级人民代表大会
产生并监督
行政机关
监察机关
审判机关
检察机关

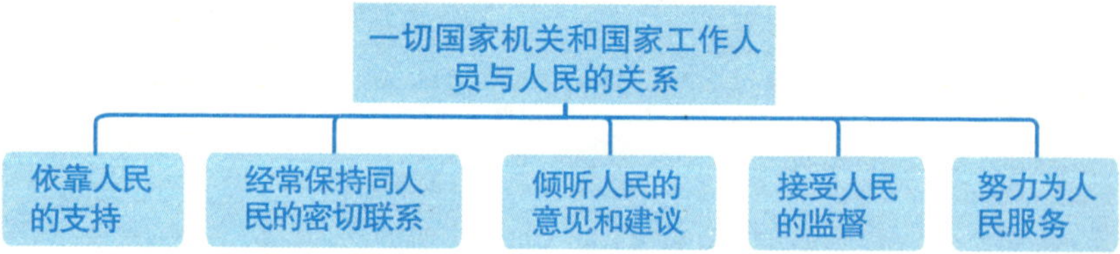
一切国家机关和国家工作人员与人民的关系
依靠人民的支持
经常保持同人民的密切联系
倾听人民的意见和建议
接受人民的监督
努力为人民服务

各民族团结互助、一律平等

- 国家保障各少数民族的合法的权利和利益，维护和发展各民族的平等团结互助和谐关系
- 禁止对任何民族的歧视和压迫，禁止破坏民族团结和制造民族分裂的行为
- 国家根据各少数民族的特点和需要，帮助各少数民族地区加速经济和文化的发展
- 各少数民族聚居的地方实行区域自治，设立自治机关，行使自治权，各民族自治地方都是中华人民共和国不可分离的部分
- 各民族都有使用和发展自己的语言文字的自由，都有保持或者改革自己的风俗习惯的自由

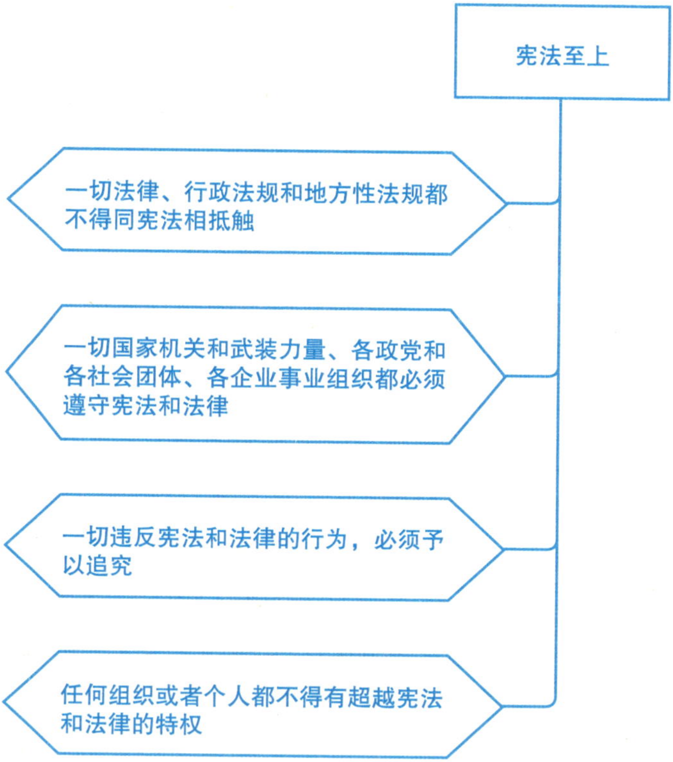
宪法至上
一切法律、行政法规和地方性法规都不得同宪法相抵触
一切国家机关和武装力量、各政党和各社会团体、各企业事业组织都必须遵守宪法和法律
一切违反宪法和法律的行为，必须予以追究
任何组织或者个人都不得有超越宪法和法律的特权

- 国家倡导
  - 社会主义核心价值观
    - 富强、民主、文明、和谐、
    - 自由、平等、公正、法治、
    - 爱国、敬业、诚信、友善
  - 公德
    - 爱祖国
    - 爱人民
    - 爱劳动
    - 爱科学
    - 爱社会主义
  - 教育学习
    - 爱国主义
    - 集体主义
    - 国际主义
    - 共产主义
    - 辩证唯物主义
    - 历史唯物主义

- 全国人民代表大会设立
  - 民族委员会
  - 宪法和法律委员会
  - 财政经济委员会
  - 教育科学文化卫生委员会
  - 外事委员会
  - 华侨委员会
  - 其他需要设立的专门委员会

1. 县级人大常委会委员可以撤销县政府的错误命令吗？

◆ 案例分析

为改善居住环境，某县政府拟对旧城区进行拆迁改造。经调查研究，县政府工作会议作出决定：县政府各部门要落实工作责任，其所负责的区域工作阻碍工程进度的，必要时要追究相关责任人的行政责任。该县人大常委会委员贾某、范某等人认为县政府作出的命令不适当，会侵害相关人员的合法权益，遂通知县政府撤销该项决定。请问：县级人大常委会委员是否可以撤销县政府的错误命令？

首先需要明确的是县人大常委会与县政府的关系。县人大常委会是县人大的常设机关，在人大闭会期间代表人大行使权力。县政府是行政机关，由县人民代表大会选举产生，对它负责，受它监督。因此，县人大常委会代表县人大行使监督权，对县政府在本县范围内的行政行为予以监督。本案中，该县政府作出的行政命令属越权行为，擅自决定对国家工作人员给予行政处分，应属不适当行政行为。依照《宪法》第104条的规定，县人大常委会享有撤销权，即对本级人民政府发布的不适当的决定和命令有权予以撤销。所以，县级人大常委会经过讨论，有权对县政府的不适当行政行为作出撤销决定，但作为县人大常委会委员的贾某、范某等个人没有撤销县政府命令的权力。

◆ 法律条文

《中华人民共和国宪法》

第一百零四条　县级以上的地方各级人民代表大会常务委员会讨论、决定本行政区域内各方面工作的重大事项；监督本级人民政府、监察委员会、人民法院和人民检察院的工作；撤销本级人民政府的不适当的决定和命令；撤销下一级人民代表大会的不适当的决议；依照法律规定的权限决定国家机关工作人员的任免；在本级人民代表大会闭会期间，罢免和补选上一级人民代表大会的个别代表。

深度解析

县级以上地方各级人大常委会的职权之一就是讨论、决定本行政区域内各方面工作中的重大事项。根据地方人大的实践，下列事项可以作为重大事项来讨论、决定：（一）本地区重大的改革事项，如机构和人事制度改革、劳动制度改革、社会保险制度改革、住房制度改革、医疗制度改革等；（二）本地区重大的工程项目，特别是涉及本地方政府较大资金投入的项目，如铁路、公路、水利工程等；（三）一段时间内群众普遍关心的事项，如物价问题、产品质量问题、社会治安问题等；（四）本地区行政区划的较大调整；（五）本级行政机关的设置，如增加、合并、撤销等。

2. 全国人大代表是不能被逮捕的吗?

◆ 案例分析

45 岁的范某系某省人大代表，同时也是全国人大代表。自 2019 年 8 月起，范某伙同金某、雷某等人先后在该省多个市、县开设赌场，组织他人聚众赌博。该省公安厅依法捣毁了赌场，拘留了当时参与赌博的范某等人，并收缴赌资 13 万余元。在对范某执行逮捕时，范某声称自己是全国人大代表，而公安机关不能逮捕全国人大代表。请问：全国人大代表是不能被逮捕的吗？

依照我国法律规定，逮捕是指公安机关、人民检察院和人民法院，为了防止犯罪嫌疑人或者被告人实施妨碍刑事诉讼的行为，逃避侦查、起诉、审判，或者危害社会，而依法暂时剥夺其人身自由的一种强制措施。但全国人大代表的身份特殊，依据《宪法》第 74 条的规定，全国人大代表，非经全国人大会议主席团或全国人大常委会许可，不受逮捕。这一规定就意味着经全国人大会议主席团或全国人大常委会许可，全国人大代表是可以被逮捕的。本案中，范某因现行犯被拘留，执行拘留的机关应当立即向该省人民代表大会主席团或者人民代表大会常务委员会报告。如果认为强制措施有必要变更为逮捕的，非会议期间应同时报告给全国人大常委会，经批准后即可执行对全国人大代表范某的逮捕。

◆ 法律条文

《中华人民共和国宪法》

第七十四条　全国人民代表大会代表，非经全国人民代表大会会议主席团许可，在全国人民代表大会闭会期间非经全国人民代表大会常务委员会许可，不受逮捕或者刑事审判。

深度解析

人大代表享有人身特别保护权，主要体现在以下方面：(一) 人大代表的人身特别保护权只限于刑事案件，不包括民事案件的传讯和审判。(二) 如果人大代表确属犯罪，必须在得到人大会议主席团或常委会的许可后才能实施逮捕。(三) 未经人大会议主席团或者常委会许可，不得对人大代表采取司法拘留、行政拘留、监视居住等强制性措施。(四) 人大代表如果是因为现行犯被拘留，执行拘留的机关必须立即向该级人大会议主席团或常委会报告。(五) 对乡级人大代表人身特殊保护采取的是事后通报制度而不是事前批准制度。

3. 言论自由是无限制的吗?

◆ 案例分析

江某毕业于某航空航天大学，现就职于国家某航空航天研究中心，主要从事数据分析等工作。一日，江某和朋友去泰国度假，到某酒吧喝酒，江某趁着酒劲大肆宣扬自己的职业，说自己能力很强。朋友们没有听过航空航天研究中心内部的事情，都很好奇。在朋友的追问下，江某将一些不能泄露的机密宣扬出来。

言论自由是指公民通过各种语言形式表达其思想和见解的自由。言论自由在宪法中主要是指政治言论自由。言论自由在政治权利体系中处于核心地位，是民主政治的基础，具有政治监督作用。在上述案例中，江某的言论泄露了国家机密，是对言论自由的不正当行使，应当加以限制。在现行法律中，规定了对言论自由的限制，一般表现为：（一）不得侵犯他人的名誉权，否则构成诽谤；（二）不得侵犯他人的隐私权，否则构成侵权；（三）不得有猥亵和淫秽等违反善良风俗的言论；（四）不得泄露国家机密、危害国家安全等。

◆ 法律条文

《中华人民共和国宪法》

第三十五条 中华人民共和国公民有言论、出版、集会、结社、游行、示威的自由。

深度解析

言论自由是指公民享有宪法赋予的通过口头、书面、著作及电影、戏剧、音乐、广播电视等手段发表自己意见和观点的自由权利。它有广义和狭义之分：（一）狭义的言论自由是公民在公共场所发表意见或者讨论问题的权利；（二）广义的言论自由除了包含狭义的言论自由，还包括出版自由、新闻自由等权利。言论自由作为公民的法律权利，其核心是国家的任何立法与行政活动都不得剥夺公民的言论自由。但是，任何自由都不是绝对的，都要受到一定的限制。

4. 宪法是否保护公民的举报权？

◆ 案例分析

2019 年 4 月，王某在网上发帖举报地方某单位负责人的违法行为，遭到某市公安机关的跨省追捕。那么，公民对于国家机关及其工作人员的违法行为，有没有权利进行批评、举报呢？这样的权利在宪法上有依据吗？

《宪法》第 41 条规定："中华人民共和国公民对于任何国家机关和国家工作人员，有提出批评和建议的权利；对于任何国家机关和国家工作人员的违法失职行为，有向有关国家机关提出申诉、控告或者检举的权利，但是不得捏造或者歪曲事实进行诬告陷害。对于公民的申诉、控告或者检举，有关国家机关必须查清事实，负责处理。任何人不得压制和打击报复。由于国家机关和国家工作人员侵犯公民权利而受到损失的人，有依照法律规定取得赔偿的权利。"由此可见，公民对于国家机关工作人员的行为，是有权利提出批评、举报、申诉或者控告的，但是不得捏造或者歪曲事实进行诬告陷害。而国家机关对于公民的批评或者举报，必须查清事实，不得进行打击报复。并且，国家机关和国家工作人员侵犯公民权利而致使公民受到损失的，公民可以依照《国家赔偿法》的规定，取得赔偿。

◆ 法律条文

《中华人民共和国宪法》

第四十一条　中华人民共和国公民对于任何国家机关和国家工作人员，有提出批评和建议的权利；对于任何国家机关和国家工作人员的违法失职行为，有向有关国家机关提出申诉、控告或者检举的权利，但是不得捏造或者歪曲事实进行诬告陷害。

对于公民的申诉、控告或者检举，有关国家机关必须查清事实，负责处理。任何人不得压制和打击报复。

由于国家机关和国家工作人员侵犯公民权利而受到损失的人，有依照法律规定取得赔偿的权利。

深度解析

公民举报享有以下几个方面的权利：（一）举报权。举报权是《宪法》赋予公民的一项民主监督权利。对于公民的举报，任何人不得压制和打击报复。（二）要求回避权。举报人发现举报受理机关负责接待的工作人员有法定回避情形的，有权要求其回避。（三）查询结果权。公民举报后，在一定期限内得不到答复时，有权向受理机关询问，要求给予答复。（四）要求保护权。（五）享有物质和精神奖励权。对举报违法犯罪有功的人员和单位，举报受理机关根据规定，给予其精神、物质奖励。（六）其他权利。如举报人有选择举报方式的自由。

5. 选民可以要求罢免人大代表吗?

◆ 案例分析

某区人大换届选举后，发生了某选区 30 名选民联名要求罢免新当选的人大代表的事件，其提出的罢免理由就是该代表“漠不关心群众疾苦，工作严重失职，并且涉嫌腐败问题”。请问：这一举报有法律依据吗?

罢免权是指选民或代表机关依照法律规定的罢免程序，撤销他们所选出的人员职务资格的权利。罢免权属于监督权的一种，是一种有效的监督方式。《宪法》第 102 条规定：“省、直辖市、设区的市的人民代表大会代表受原选举单位的监督；县、不设区的市、市辖区、乡、民族乡、镇的人民代表大会代表受选民的监督。地方各级人民代表大会代表的选举单位和选民有权依照法律规定的程序罢免由他们选出的代表。”由此可见，在本案中，区人大代表漠不关心群众疾苦，工作严重失职，并且涉嫌腐败问题，原选区的 30 名选民联名要求罢免其人大代表的资格是符合法律规定的。

罢免权的实质是选民掌握着决定代表政治命运的权利，有权剥夺那些不称职或不胜任的代表的资格。人民监督权的权威是由罢免权来支撑的，行使罢免权是保证人民选出的代表或机关工作人员依法办事、尽职尽责的一种手段，也是对腐败最有力的一种制约手段。

◆ 法律条文

《中华人民共和国宪法》

第一百零二条　省、直辖市、设区的市的人民代表大会代表受原选举单位的监督；县、不设区的市、市辖区、乡、民族乡、镇的人民代表大会代表受选民的监督。

地方各级人民代表大会代表的选举单位和选民有权依照法律规定的程序罢免由他们选出的代表。

《中华人民共和国全国人民代表大会和地方各级人民代表大会选举法》

第五十条　对于县级的人民代表大会代表，原选区选民五十人以上联名，对于乡级的人民代表大会代表，原选区选民三十人以上联名，可以向县级的人民代表大会常务委员会书面提出罢免要求。

罢免要求应当写明罢免理由。被提出罢免的代表有权在选民会议上提出申辩意见，也可以书面提出申辩意见。

县级的人民代表大会常务委员会应当将罢免要求和被提出罢免的代表的书面申辩意见印发原选区选民。

表决罢免要求，由县级的人民代表大会常务委员会派有关负责人员主持。

深度解析

人大代表履行自己的职务是代表了人民的利益和意志，而罢免权是法律赋予选民对代表履职能力进行监督的有力手段。我国《选举法》规定，罢免人大代表需要提出理由，但对具体罢免理由并没有详细规定。选举时，只要符合条件均可以当选人大代表；罢免时，经过投票就可以决定。如果需要理由，什么样的理由可以罢免，法律上无法予以明确，这与不能履职、违法犯罪等情况下暂停、终止代表资格的情况不属于一个层面上的问题。因此，要把两者区分开来。

6. 基于审理刑事案件的需要，法院可以私拆被告人的信件吗？

◆ 案例分析

某人民法院正在审理一起故意杀人案件。在该案的审理过程中，法院办案人员得知被告人的女友在案发前几天曾经给被告寄送过一封特快专递，但此快件的内容公安机关及检察机关并未掌握。于是，法院办案人员想把快件调过来亲自查验。请问：基于审理刑事案件的需要，法院可以私拆被告人的信件吗？

在现实生活中，法院在审理刑事案件时，可能出现被告人的某封信件对于案件的定性有极为重要的作用，甚至是唯一线索的情况。那么，在这种情况下，为了审理刑事案件的需要，法院可以私拆被告人的信件吗？

《宪法》第40条规定："中华人民共和国公民的通信自由和通信秘密受法律的保护。除因国家安全或者追查刑事犯罪的需要，由公安机关或者检察机关依照法律规定的程序对通信进行检查外，任何组织或者个人不得以任何理由侵犯公民的通信自由和通信秘密。"由此可见，公民的通信自由和通信秘密是受到宪法保护的。有权对通信进行检查的机关，只有公安机关和检察机关，并且只能在因国家安全或者追查刑事案件需要时，依照法定程序进行。所以，法院是没有权力私拆被告人的信件的。

◆ 法律条文

《中华人民共和国宪法》

第四十条 中华人民共和国公民的通信自由和通信秘密受法律的保护。除因国家安全或者追查刑事犯罪的需要，由公安机关或者检察机关依照法律规定的程序对通信进行检查外，任何组织或者个人不得以任何理由侵犯公民的通信自由和通信秘密。

深度解析

通信自由和通信秘密是公民十分重要的宪法权利，核心在于保护公民的隐私权。法律允许限制公民通信自由和通信秘密的理由通常有两个：一是出于国家安全的需要，二是出于追查刑事犯罪的需要。除了这两个理由，一律不得通过窃听电话、开拆信件等限制通信自由和通信秘密的方式来获取证据。

第二章
选举法律知识

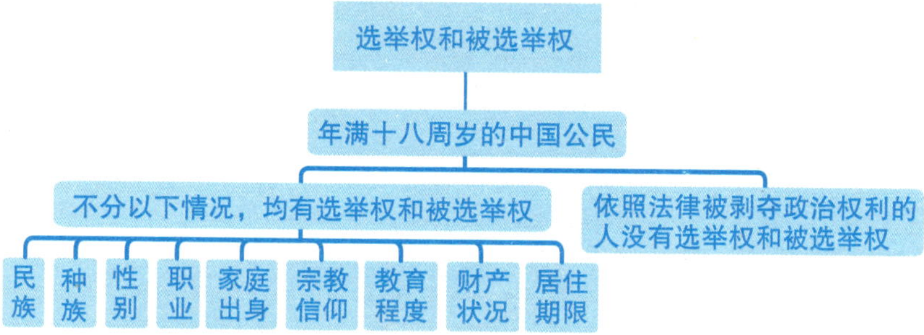
选举权和被选举权
年满十八周岁的中国公民
不分以下情况，均有选举权和被选举权
依照法律被剥夺政治权利的人没有选举权和被选举权
民族
种族
性别
职业
家庭出身
宗教信仰
教育程度
财产状况
居住期限

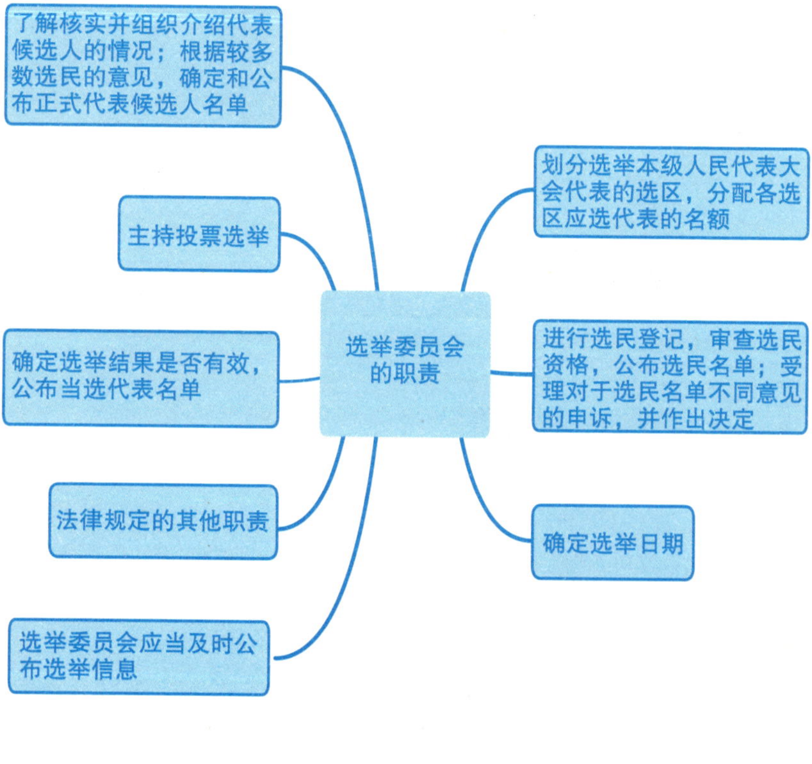
选举委员会的职责
了解核实并组织介绍代表候选人的情况；根据较多数选民的意见，确定和公布正式代表候选人名单
主持投票选举
确定选举结果是否有效，公布当选代表名单
法律规定的其他职责
选举委员会应当及时公布选举信息
划分选举本级人民代表大会代表的选区，分配各选区应选代表的名额
进行选民登记，审查选民资格，公布选民名单；受理对于选民名单不同意见的申诉，并作出决定
确定选举日期

地方各级人民代表大会代表名额的确定

省、自治区、直辖市的代表名额基数为三百五十名，省、自治区每十五万人可以增加一名代表，直辖市每二万五千人可以增加一名代表；但是，代表总名额不得超过一千名

设区的市、自治州的代表名额基数为二百四十名，每二万五千人可以增加一名代表；人口超过一千万的，代表总名额不得超过六百五十名

不设区的市、市辖区、县、自治县的代表名额基数为一百四十名，每五千人可以增加一名代表；人口超过一百五十五万的，代表总名额不得超过四百五十名；人口不足五万的，代表总名额可以少于一百四十名

乡、民族乡、镇的代表名额基数为四十五名，每一千五百人可以增加一名代表；但是，代表总名额不得超过一百六十名；人口不足二千的，代表总名额可以少于四十五名

地方各级人民代表大会的代表名额基数与按人口数增加的代表数相加，即为地方各级人民代表大会的代表总名额

自治区、聚居的少数民族多的省，经全国人民代表大会常务委员会决定，代表名额可以另加百分之五。聚居的少数民族多或者人口居住分散的县、自治县、乡、民族乡，经省、自治区、直辖市的人民代表大会常务委员会决定，代表名额可以另加百分之五

全国和地方各级人民代表大会代表

实行差额选举，代表候选人的人数应多于应选代表的名额

- 由选民直接选举人民代表大会代表的，代表候选人的人数应多于应选代表名额三分之一至一倍
- 由县级以上的地方各级人民代表大会选举上一级人民代表大会代表的，代表候选人的人数应多于应选代表名额五分之一至二分之一

人大代表当选的情形

- 在选民直接选举人民代表大会代表时，选区全体选民的过半数参加投票，选举有效。代表候选人获得参加投票的选民过半数的选票时，始得当选
- 县级以上的地方各级人民代表大会在选举上一级人民代表大会代表时，代表候选人获得全体代表过半数的选票时，始得当选
- 获得过半数选票的代表候选人的人数超过应选代表名额时，以得票多的当选。如遇票数相等不能确定当选人时，应当就票数相等的候选人再次投票，以得票多的当选
- 另行选举县级和乡级的人民代表大会代表时，代表候选人以得票多的当选，但是得票数不得少于选票的三分之一；县级以上的地方各级人民代表大会在另行选举上一级人民代表大会代表时，代表候选人获得全体代表过半数的选票，始得当选

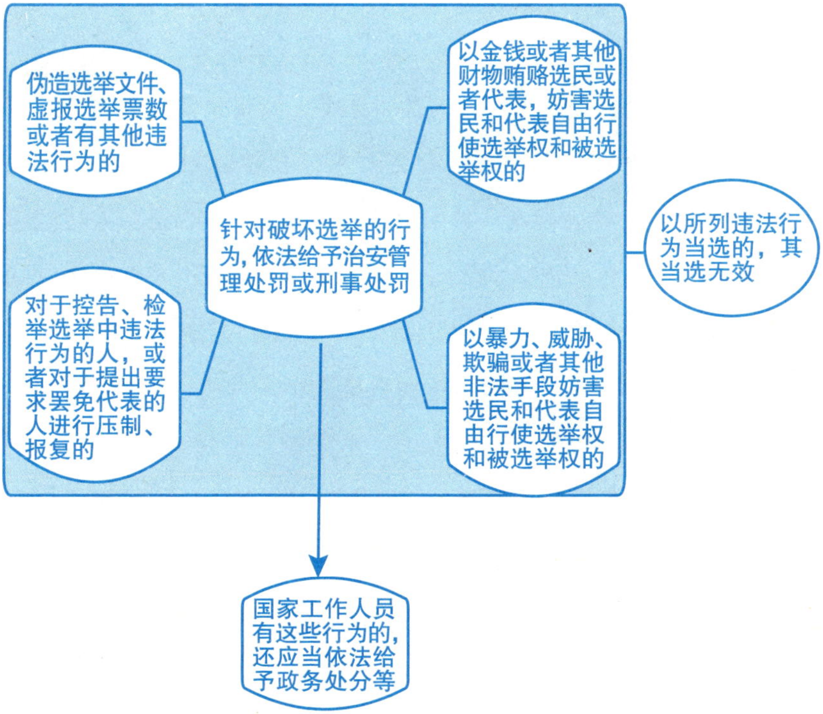
伪造选举文件、虚报选举票数或者有其他违法行为的
以金钱或者其他财物贿赂选民或者代表，妨害选民和代表自由行使选举权和被选举权的
针对破坏选举的行为，依法给予治安管理处罚或刑事处罚
以所列违法行为当选的，其当选无效
对于控告、检举选举中违法行为的人，或者对于提出要求罢免代表的人进行压制、报复的
以暴力、威胁、欺骗或者其他非法手段妨害选民和代表自由行使选举权和被选举权的
国家工作人员有这些行为的，还应当依法给予政务处分等

7. 人大代表候选人未获得参加投票的选民过半数的选票的，能当选吗?

◆ 案例分析

某县举行了县级人大代表的换届选举，范某是候选人之一。调查资料显示，该县登记的选民有 2 万人，实际参加投票的选民是 1.98 万人。统计代表候选人票数时，范某获得 9880 票，未达到参加投票的选民半数的选票。请问：代表候选人未获得参加投票的选民过半数的选票能否当选?

《选举法》第 45 条规定，选民直接选举人大代表的，选区全体选民的过半数参加投票，选举有效。本案中，某县登记的选民有 2 万人，实际参加投票的选民超过 1 万人该选举就有效。该选举实际参加投票的选民是 1.98 万人，超过了 1 万人，所以该选举有效。但是，代表候选人必须获得参加投票的选民过半数的选票始得当选。所以，范某的得票数必须超过实际参加选举人数的一半才可当选，也就是说要超过 9900 票才能当选。计票后范某实际有效得票是 9880 票，没有超过 9900 票，所以范某不能当选。

◆ 法律条文

《中华人民共和国全国人民代表大会和地方各级人民代表大会选举法》

第四十五条 在选民直接选举人民代表大会代表时，选区全体选民的过半数参加投票，选举有效。代表候选人获得参加投票的选民过半数的选票时，始得当选。

县级以上的地方各级人民代表大会在选举上一级人民代表大会代表时，代表候选人获得全体代表过半数的选票时，始得当选。

获得过半数选票的代表候选人的人数超过应选代表名额时，以得票多的当选。如遇票数相等不能确定当选人时，应当就票数相等的候选人再次投票，以得票多的当选。

获得过半数选票的当选代表的人数少于应选代表的名额时，不足的名额另行选举。另行选举时，根据在第一次投票时得票多少的顺序，按照本法第三十一条规定的差额比例，确定候选人名单。如果只选一人，候选人应为二人。

依照前款规定另行选举县级和乡级的人民代表大会代表时，代表候选人以得票多的当选，但是得票数不得少于选票的三分之一；县级以上的地方各级人民代表大会在另行选举上一级人民代表大会代表时，代表候选人获得全体代表过半数的选票，始得当选。

深度解析

选民直接选举人民代表大会代表时，代表候选人获得本选区参加投票的选民过半数的选票，才能当选为人大代表。获得过半数选票的代表候选人的人数超过应选代表名额时，以得票多的当选。如遇票数相等不能确定当选人时，应当就票数相等的代表候选人再次投票，以得票多的当选。获得过半数选票的当选代表的人数少于应选代表的名额时，不足的名额另行选举。另行选举以得票多的当选，但是得票数不得少于选票的三分之一。如果仍选不足，暂作缺额处理。

8. 人大代表被罢免的，其在人大的相应职务还存在吗？

◆ 案例分析

肖某系某大学校长，因在担任大学校长期间，存在严重失职，给党和人民的利益造成了重大损失。市人大常委会会议通过投票表决，罢免了肖某市人大代表的职务，肖某法律委员会委员的职务也被撤销。请问：人大代表被罢免的，其在人大的相应职务是否还存在？

罢免，即选民或选民代表机关撤销所选出人员的代表职务。人大代表是由民主选举产生的，其产生方式有两种：一是由选民直接选举产生，二是由人民代表大会间接选举产生。拥有人大代表的资格，是在人大常委会及其专门委员会担任相应职务的前提条件。所以《选举法》规定，一旦某人人大代表的资格不存在了，其相应的人大常委会委员职务或者专门委员会的职务也就被撤销。本案中，市人大常委会罢免肖某人大代表的职务，也就意味着肖某作为人大代表的资格不存在了。因此，肖某法律委员会委员的职务被撤销是符合法律规定的。

◆ 法律条文

《中华人民共和国全国人民代表大会和地方各级人民代表大会选举法》

第五十条 对于县级的人民代表大会代表，原选区选民五十人以上联名，对于乡级的人民代表大会代表，原选区选民三十人以上联名，可以向县级的人民代表大会常务委员会书面提出罢免要求。

罢免要求应当写明罢免理由。被提出罢免的代表有权在选民会议上提出申辩意见，也可以书面提出申辩意见。

县级的人民代表大会常务委员会应当将罢免要求和被提出罢免的代表的书面申辩意见印发原选区选民。

表决罢免要求，由县级的人民代表大会常务委员会派有关负责人员主持。

第五十一条 县级以上的地方各级人民代表大会举行会议的时候，主席团或者十分之一以上代表联名，可以提出对由该级人民代表大会选出的上一级人民代表大会代表的罢免案。在人民代表大会闭会期间，县级以上的地方各级人民代表大会常务委员会主任会议或者常务委员会五分之一以上组成人员联名，可以向常务委员会提出对由该级人民代表大会选出的上一级人民代表大会代表的罢免案。罢免案应当写明罢免理由。

县级以上的地方各级人民代表大会举行会议的时候，被提出罢免的代表有权在主席团会议和大会全体会议上提出申辩意见，或者书面提出申辩意见，由主席团印发会议。罢免案经会议审议后，由主席团提请全体会议表决。

县级以上的地方各级人民代表大会常务委员会举行会议的时候，被提出罢免的代表有权在主任会议和常务委员会全体会议上提出申辩意见，或者书面提出申辩意见，由主任会议印发会议。罢免案经会议审议后，由主任会议提请全体会议表决。

第五十二条　罢免代表采用无记名的表决方式。

第五十三条　罢免县级和乡级的人民代表大会代表，须经原选区过半数的选民通过。

罢免由县级以上的地方各级人民代表大会选出的代表，须经各该级人民代表大会过半数的代表通过；在代表大会闭会期间，须经常务委员会组成人员的过半数通过。罢免的决议，须报送上一级人民代表大会常务委员会备案、公告。

第五十四条　县级以上的各级人民代表大会常务委员会组成人员，县级以上的各级人民代表大会专门委员会成员的代表职务被罢免的，其常务委员会组成人员或者专门委员会成员的职务相应撤销，由主席团或者常务委员会予以公告。

乡、民族乡、镇的人民代表大会主席、副主席的代表职务被罢免的，其主席、副主席的职务相应撤销，由主席团予以公告。

深度解析

人大代表职务被罢免，不同于代表资格被终止：其一，权限不同。罢免间接选举的人大代表职务，属于下一级的人大及其常委会的权限；终止代表资格则属于本级人大常委会（或乡镇人大）的权限。其二，程序不同。《选举法》第50条至第54条对罢免代表职务有严格的程序规定，且一旦代表职务被罢免，就属于《全国人民代表大会和地方各级人民代表大会代表法》第49条所规定的代表资格终止的法定情形。其三，代表职务与代表资格是可以分离的两个不同的概念。如代表符合《全国人民代表大会和地方各级人民代表大会代表法》第48条所列两种情形的，就要暂时停止执行代表职务，但这个时候其代表资格还在。

9. 地方人大代表迁出本行政区域的，还能再继续担任人大代表吗？

◆ 案例分析

金某是某市西城区的人大代表，由于家庭原因，金某的户籍被迁出了西城区，转而迁入该市东城区。适值该市召开全市人民代表大会，金某仍被西城区人大选举为市人大代表参加会议。请问：金某迁出本行政区域后，还能再继续担任人大代表吗？

我国的地方各级人大代表是按行政区划选举产生的，人大代表一旦迁出或调离本行政区域，就失去了当选该行政区域的人大代表的资格。因此，不论人大代表因什么原因迁出或调离本行政区域，在这之后，他的代表资格都会立即终止。凡是代表资格终止的，就不再是本级人民代表大会代表。终止代表资格不是中断，也不是暂时停止，而是结束。被终止了代表资格的，如果经过选举重新获得代表资格，属于重新当选，不是原来代表资格的恢复。本案中，金某的户籍既然已经迁出西城区，那么他作为西城区人大代表的资格就自行终止了，西城区缺额的人大代表需另行补选。依据我国法律规定，金某有资格参选东城区的人大代表，若其当选，则成为东城区的人大代表，进而可能被东城区人大选举为该区的市人大代表参加全市人大代表会议。

◆ 法律条文

《中华人民共和国全国人民代表大会和地方各级人民代表大会选举法》

第五十七条 代表在任期内，因故出缺，由原选区或者原选举单位补选。

地方各级人民代表大会代表在任期内调离或者迁出本行政区域的，其代表资格自行终止，缺额另行补选。

县级以上的地方各级人民代表大会闭会期间，可以由本级人民代表大会常务委员会补选上一级人民代表大会代表。

补选出缺的代表时，代表候选人的名额可以多于应选代表的名额，也可以同应选代表的名额相等。补选的具体办法，由省、自治区、直辖市的人民代表大会常务委员会规定。

对补选产生的代表，依照本法第四十七条的规定进行代表资格审查。

深度解析

居住或者工作在本行政区域应当是地方各级人大代表当选的重要前提。如果一名人大代表既不在本行政区居住，也不在本行政区工作，他就很难与本行政区域内的人民群众保持密切联系，难以依法履行代表本行政区域人民群众的利益和意志的职责，以及参与管理国家事务、行使国家权力的职责，当然也就失去了作为人大代表的意义。

10. 被依法剥夺政治权利的人是否享有被选举权？

◆ 案例分析

高某从小生活在一个富裕的农村家庭，由于经受不住诱惑，高某上完高中后便辍学在家，整日和社会上的不良青年厮混在一起。2008 年，高某因为打架致人严重伤残而被法院以故意伤害罪判处有期徒刑 10 年，并且剥夺政治权利 5 年。2018 年，高某刑满后被释放出狱。2019 年，恰逢该村进行村主任的换届选举，高某想到自己家在本村影响力比较大，而且亲戚众多，如果自己参加选举会有很大的把握，而且自己有犯罪前科在身，外出找工作一定不容易，所以竞选村主任是自己出人头地的唯一路径。镇政府工作人员在审核候选人资格时，发现高某被依法剥夺政治权利 5 年，现在仍处在被剥夺期内，所以告知其不能参加竞选。高某表示自己已经出狱，就应当享有被选举权。请问：被依法剥夺政治权利的人是否享有被选举权？

《选举法》第 4 条规定："中华人民共和国年满十八周岁的公民，不分民族、种族、性别、职业、家庭出身、宗教信仰、教育程度、财产状况和居住期限，都有选举权和被选举权。依照法律被剥夺政治权利的人没有选举权和被选举权。"《宪法》第 34 条也作出了相同的规定，即被依法被剥夺政治权利的人不享有选举权与被选举权。选举权与被选举权是法律平等地赋予每个公民的基本政治权利，保障每个公民能够享有参与管理的国家事务资格和依照自己的意愿选举他人的自由。但是依法剥夺政治权利是法律对公民违法行为的一种惩戒，在被剥夺期限内，被剥夺人依法不再享有选举权与被选举权。在本案中，高某被判处剥夺政治权利 5 年，也就是在高某的有期徒刑结束后，政治权利将有 5 年的被剥夺期。高某 2018 年刚刚出狱，所以 2019 年其仍然处于政治权利被剥夺期内，不享有被选举权。

◆ 法律条文

《中华人民共和国宪法》

第三十四条 中华人民共和国年满十八周岁的公民，不分民族、种族、性别、职业、家庭出身、宗教信仰、教育程度、财产状况、居住期限，都有选举权和被选举权；但是依照法律被剥夺政治权利的人除外。

《中华人民共和国全国人民代表大会和地方各级人民代表大会选举法》

第四条 中华人民共和国年满十八周岁的公民，不分民族、种族、性别、职业、家庭出身、宗教信仰、教育程度、财产状况和居住期限，都有选举权和被选举权。

依照法律被剥夺政治权利的人没有选举权和被选举权。

深度解析

选举权与被选举权是公民的基本政治权利之一。公民的选举权或者被选举权不因民族、性别、职业或者家庭等因素丧失或者获得。依法剥夺政治权利是法律对当事人的违法行为所作出的一种惩戒，因为被剥夺政治权利的人已不能代表人民的利益与意愿；同时也旨在督促当事人进行改正，消除罪恶。如果是在一定期限内被剥夺政治权利，当事人在该期限结束后，将恢复作为普通公民所应享有的相应政治权利。

11. 选民是否可以罢免自己选出的人大代表？

◆ 案例分析

在乡人民代表大会代表选举时，赵某以领先第二名 20 票的优势当选为本乡的人民代表大会代表。在经过一段时间的工作后，刘某对赵某心生不满。作为赵某参选时的积极支持者，刘某希望赵某当选后对自己额外照顾，但是赵某在当选后一直将全乡村民利益放在首位，对刘某提出的不合理要求予以坚决拒绝。因此，刘某向当初支持赵某的一些人表达了自己的想法，提出想罢免赵某。请问：选民是否可以罢免自己选出的人大代表？

人民代表大会的代表作为本选区选民的利益代表，是选民行使自己的选举权推举出来的，当人大代表不能满足本选区选民的诉求，或者不能很好地代表本选区选民的利益时，选民可以利用法律赋予自己的权利对人大代表进行罢免。根据《选举法》第 50 条的规定："对于县级的人民代表大会代表，原选区选民五十人以上联名，对于乡级的人民代表大会代表，原选区选民三十人以上联名，可以向县级的人民代表大会常务委员会书面提出罢免要求。罢免要求应当写明罢免理由。被提出罢免的代表有权在选民会议上提出申辩意见，也可以书面提出申辩意见。县级的人民代表大会常务委员会应当将罢免要求和被提出罢免的代表的书面申辩意见印发原选区选民。表决罢免要求，由县级的人民代表大会常务委员会派有关负责人员主持。”

本案中，刘某在选举乡人大代表时行使自己的选举权利，投出了自己的选票支持赵某。但是赵某当选后并不为刘某谋取私利，由此得罪了刘某。依照法律规定，选民可以罢免自己所选出的人民代表大会代表，但是必须由符合法律规定人数的选民联名提出罢免要求才可以。赵某是乡人大代表，需要原选区 30 名以上选民联名才可以向县级人民代表大会常务委员会提出书面申请。所以，刘某如果想要罢免赵某，应当联合本村至少 30 名村民向县人民代表大会提出书面罢免要求，并且要写上明确的罢免理由。而赵某则有权提出申辩意见为自己进行辩解，县级人民代表大会应当将罢免要求和赵某的申辩意见印发给村民。表决罢免要求，应当在县人大常委会有关人员的主持下进行。

◆ 法律条文

《中华人民共和国全国人民代表大会和地方各级人民代表大会选举法》

第五十条　对于县级的人民代表大会代表，原选区选民五十人以上联名，对于乡级的人民代表大会代表，原选区选民三十人以上联名，可以向县级的人民代表大会常务委员会书面提出罢免要求。

罢免要求应当写明罢免理由。被提出罢免的代表有权在选民会议上提出申辩意见，也可以书面提出申辩意见。

县级的人民代表大会常务委员会应当将罢免要求和被提出罢免的代表的书面申辩意见印发原选区选民。

表决罢免要求，由县级的人民代表大会常务委员会派有关负责人员主持。

深度解析

人民代表大会的代表经由选民选出，代表着本选区选民的意志与利益诉求。人大代表应当在符合法律规定的情形下，积极行使权利，为自己所代表的选区的选民谋取合法利益。选民可以依照自己的意愿提出罢免自己选出的人大代表的要求，但是为了防止恶意罢免行为的发生，法律规定必须由符合一定人数的原选区选民提出罢免要求，同时需要有合理的理由，且经过相应的法律表决程序才能够对人大代表进行罢免。

12. 县级人大代表提出辞职的，需经由怎样的程序？

◆ 案例分析

白某作为县人大代表，一直积极履行自己的职责，为了本县人民的利益而努力工作。但是近来白某感到在工作上力不从心，因为他文化水平不高，已经渐渐跟不上时代发展的节奏，总是不能用发展眼光来看待问题，为人民谋取福利。所以，白某想辞去人民代表大会代表的职务，将位置让给有学识、有责任心的年轻人。在有了这种想法后，白某向县人民代表大会常务委员会的一位负责同志提出了自己的想法，称自己想辞去人大代表的职务，只是不知道该经过怎样的程序，该向哪一级机关进行申请。请问：县级人大代表提出辞职的，需经由怎样的程序？

根据《选举法》第55条的规定，全国人民代表大会代表，省、自治区、直辖市、设区的市、自治州的人民代表大会代表，可以向选举他的人民代表大会的常务委员会书面提出辞职。常务委员会接受辞职，须经常务委员会组成人员的过半数通过。接受辞职的决议，须报送上一级人民代表大会常务委员会备案、公告。县级的人民代表大会代表可以向本级人民代表大会常务委员会书面提出辞职，乡级的人民代表大会代表可以向本级人民代表大会书面提出辞职。县级的人民代表大会常务委员会接受辞职，须经常务委员会组成人员的过半数通过。乡级的人民代表大会接受辞职，须经人民代表大会过半数的代表通过。接受辞职的，应当予以公告。

在本案中，白某考虑到自己在文化水平与个人能力等方面的不足，为了本县人民代表大会能够更好地发挥职能，提出辞去人大代表职务的请求。根据法律规定，县级人大代表如果想辞去代表职务，应当向本级人大常委会书面提出辞职，且须经由县级人大常委会组成人员过半数通过方可准许其辞职。同时，如果县人大常委会接受白某的辞职，应当予以公告。

◆ 法律条文

《中华人民共和国全国人民代表大会和地方各级人民代表大会选举法》

第五十五条 全国人民代表大会代表，省、自治区、直辖市、设区的市、自治州的人民代表大会代表，可以向选举他的人民代表大会的常务委员会书面提出辞职。常务委员会接受辞职，须经常务委员会组成人员的过半数通过。接受辞职的决议，须报送上一级人民代表大会常务委员会备案、公告。

县级的人民代表大会代表可以向本级人民代表大会常务委员会书面提出辞职，乡级的人民代表大会代表可以向本级人民代表大会书面提出辞职。县级的人民代表大会常务委员会接受辞职，须经常务委员会组成人员的过半数通过。乡级的人民代表大会接受辞职，须经人民代表大会过半数的代表通过。接受辞职的，应当予以公告。

深度解析

人民代表大会是国家的权力机关，代表着人民的根本利益。所以，人大代表能否辞职，应当经由法定程序决定。由于县级以上的人大代表均是由下一级人民代表大会间接选举产生的，代表着下一级人民代表大会以及地区选民的利益，所以在提出辞职时，应当向选举他的人民代表大会提出。而县级及以下的人大代表是由选民直接选举产生的，所以在提出辞职时，直接向本级人民代表大会常务委员会提出即可。

13. 地方人大代表调离本行政区域的，是否还能享有代表资格？

◆ 案例分析

陆某是某县委机关宣传部的领导，经过长期以来的努力工作，获得了同事与领导的认可。去年，某县人民代表大会进行换届选举，陆某获得了本选区绝大多数选民的认可，顺利当选人大代表。鉴于陆某一贯的出色表现，经上级行政机关决定，将陆某调任至邻县出任副县长。但是陆某在本县工作了 10 多年，对当地的百姓充满了感情，虽然即将调离，但是陆某还想保留自己的人大代表身份，继续为本县人民做贡献。请问：地方人大代表调离本行政区域的，是否还能享有代表资格？

《选举法》第 57 条规定："代表在任期内，因故出缺，由原选区或者原选举单位补选。地方各级人民代表大会代表在任期内调离或者迁出本行政区域，其代表资格自行终止，缺额另行补选。县级以上的地方各级人民代表大会闭会期间，可以由本级人民代表大会常务委员会补选上一级人民代表大会代表。补选出缺的代表时，代表候选人的名额可以多于应选代表的名额，也可以同应选代表的名额相等。补选的具体办法，由省、自治区、直辖市的人民代表大会常务委员会规定。对补选产生的代表，依照本法第四十七条的规定进行代表资格审查。"

在地方人民代表大会中，人民代表的当选是本选区选民支持的结果，人大代表代表着该选区全体公民的利益。但是，一旦人大代表调离该行政区域，其在地缘上便已经与本地区居民形成割裂，不能很好地了解该地区的现状，代表该地区居民的利益与诉求，所以，地方人民代表大会代表一旦调离该行政区域的，其代表资格便自行终止。在本案中，陆某因为工作出色，被上级机关委任为邻县的副县长。虽然陆某仍然想为本县人民做出自己的贡献，但是由于其已经离开了本县，因此在了解居民的现实状况与诉求方面，存在一定的困难，不能再很好地代表本地区居民的利益。所以，陆某调任邻县后，其在本县人民代表大会的代表资格便自行终止。

◆ 法律条文

《中华人民共和国全国人民代表大会和地方各级人民代表大会选举法》

第五十七条　代表在任期内，因故出缺，由原选区或者原选举单位补选。

地方各级人民代表大会代表在任期内调离或者迁出本行政区域的，其代表资格自行终止，缺额另行补选。

县级以上的地方各级人民代表大会闭会期间，可以由本级人民代表大会常务委员会补选上一级人民代表大会代表。

补选出缺的代表时，代表候选人的名额可以多于应选代表的名额，也可以同应选代表的名额相等。补选的具体办法，由省、自治区、直辖市的人民代表大会常务委员会规定。

对补选产生的代表，依照本法第四十七条的规定进行代表资格审查。

深度解析

在人大代表选举时，会分配给每一个选区一定的名额，旨在根据每个选区的实际状况，选出法定的代表代表本地区居民的利益与诉求，实现利益的均衡发展。考虑到现实生活中地方人民代表大会的代表可能因为多种原因而出缺，为了保持原有的利益均衡性，所以人大代表的补选仍然由原选区或者原选举单位进行。一旦人大代表调离或者迁出本行政区域，其人大代表资格便自行终止。

14. 通过贿赂选民当选人大代表选举的，其当选是否有效？

◆ 案例分析

林某是某市土生土长的居民，经过自己不懈的努力奋斗，现在已经是该市一家大型房地产企业的董事长了。但是林某常常感叹无论事业多么成功，自己仍然只是个平民百姓，只有当官才能光宗耀祖，才能被别人看得起。恰好今年与林某同村的吴某随儿子一家迁往南方居住，吴某作为乡人大代表的资格也因此而自行终止。经乡人民代表大会主席团研究决定，在吴某居住的村子进行乡人大代表的补选工作。此时，林某感到实现自己多年政治愿望的机会来了，但是由于他常年在外忙业务，对村子里的事情几乎不闻不问，因此他担心自己竞争不过另一名多年来一直服务于村里的候选人。此时，林某的秘书向林某建议可以给每位村民一定的钱财，那么林某的当选便不再困难了。虽然感觉这种做法不妥，但是为了实现自己长期以来的愿望，林某最终还是妥协了，通过贿赂选民顺利地当选了乡人大代表。村民郑某不愿意接受林某的贿赂，并且在选举结果公布后实名向乡人民代表大会主席团进行了举报。了解到这一情况后，乡人民代表大会主席团十分重视，积极展开调查，最终认定林某贿选的事实成立。请问：通过贿赂选民当选人大代表选举的，其当选是否有效？

根据《选举法》第58条的规定可知，为保障选民或代表自由行使选举权和被选举权，对以金钱或者其他财物贿赂选民或者代表，妨害选民和代表自由行使选举权和被选举权，或以暴力、威胁、欺骗或者其他非法手段妨害选民和代表自由行使选举权和被选举权的行为破坏选举，违反治安管理规定的，依法给予治安管理处罚；构成犯罪的，依法追究刑事责任。以上述违法行为当选的，其当选无效。

人大代表应当是按照法定程序，由选民按照自己的意愿选举产生的。一旦发生贿赂选民的事实，那么该人大代表的当选就不能代表最广大选民的意愿与利益，同时也严重触犯了我国的相关法律。在本案中，林某为了实现自己的愿望而参加乡人大代表的补选选举，通过贿赂选民的方式达到了当选的目的，严重妨害了选民自由行使选举权，也严重触犯了法律关于公正选举的相关规定，应当依据林某违法情节的轻重，依法给予其相应的行政处罚或者刑事处罚。

◆ 法律条文

《中华人民共和国全国人民代表大会和地方各级人民代表大会选举法》

第五十八条 为保障选民和代表自由行使选举权和被选举权，对有下列行为之一，破坏选举，违反治安管理规定的，依法给予治安管理处罚；构成犯罪的，依法追究刑事责任：

（一）以金钱或者其他财物贿赂选民或者代表，妨害选民和代表自由行使选举权和被选举权的；

（二）以暴力、威胁、欺骗或者其他非法手段妨害选民和代表自由行使选举权和被选举权的；

（三）伪造选举文件、虚报选举票数或者有其他违法行为的；

（四）对于控告、检举选举中违法行为的人，或者对于提出要求罢免代表的人进行压制、报复的。

国家工作人员有前款所列行为的，还应当由监察机关给予政务处分或者由所在机关、单位给予处分。

以本条第一款所列违法行为当选的，其当选无效。

深度解析

人民代表大会是国家的权力机关，对于代表的选举，应当本着公平公正的原则，经由法定的程序进行。为了充分保护公民的选举权与被选举权，保障人大代表的产生是选民真实意愿的结果，法律规定对于通过贿赂、暴力威胁以及其他妨害选民自由行使权利的行为依法进行处罚，同时规定通过不正当方式当选人大代表的，其当选无效。这是法律充分保障选民权益，维护国家制度的表现。

第三章
行政法律知识

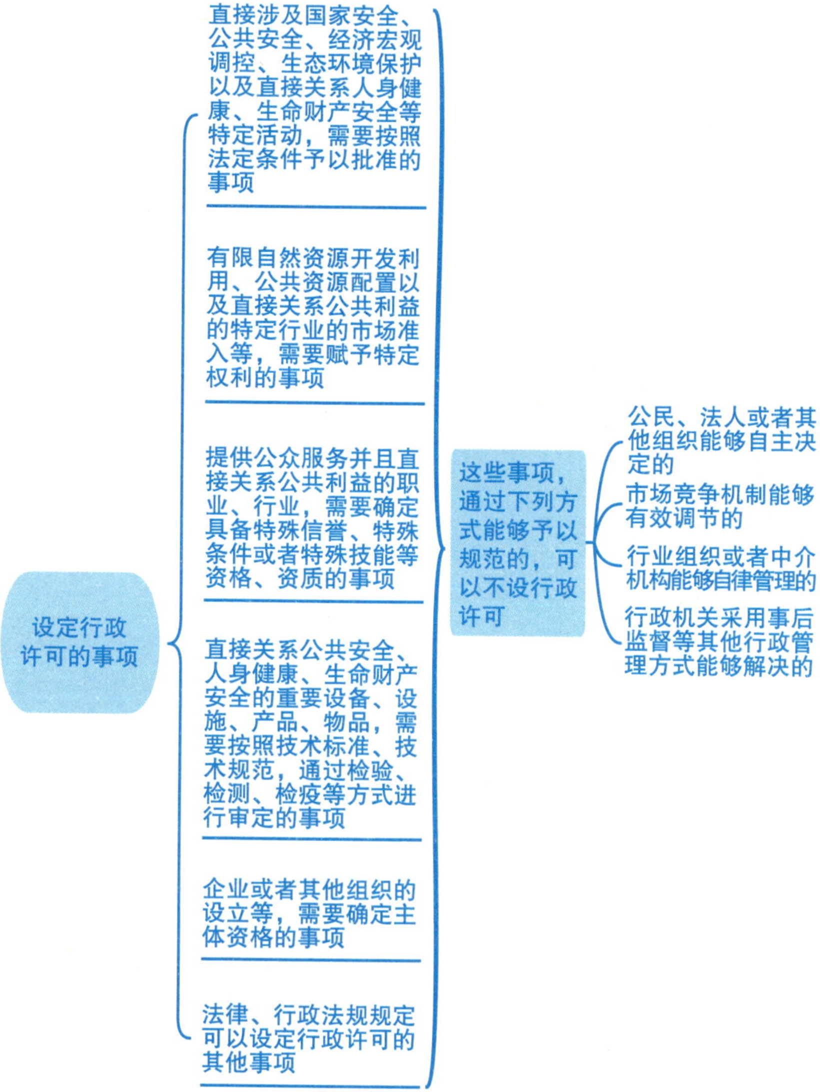
设定行政许可的事项
直接涉及国家安全、公共安全、经济宏观调控、生态环境保护以及直接关系人身健康、生命财产安全等特定活动，需要按照法定条件予以批准的事项
有限自然资源开发利用、公共资源配置以及直接关系公共利益的特定行业的市场准入等，需要赋予特定权利的事项
提供公众服务并且直接关系公共利益的职业、行业，需要确定具备特殊信誉、特殊条件或者特殊技能等资格、资质的事项
直接关系公共安全、人身健康、生命财产安全的重要设备、设施、产品、物品，需要按照技术标准、技术规范，通过检验、检测、检疫等方式进行审定的事项
企业或者其他组织的设立等，需要确定主体资格的事项
法律、行政法规规定可以设定行政许可的其他事项
这些事项，通过下列方式能够予以规范的，可以不设行政许可
公民、法人或者其他组织能够自主决定的
市场竞争机制能够有效调节的
行业组织或者中介机构能够自律管理的
行政机关采用事后监督等其他行政管理方式能够解决的

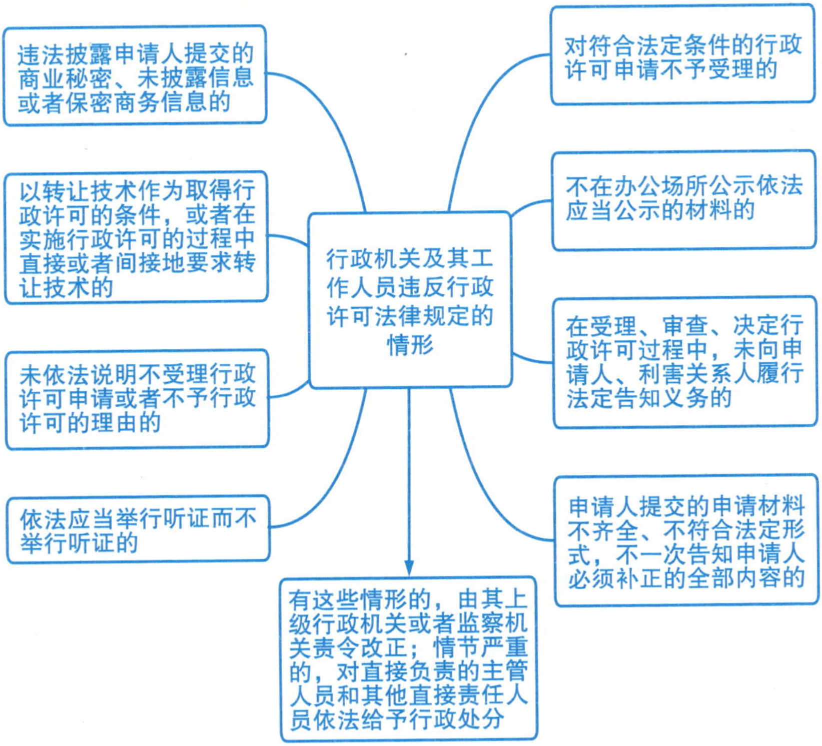
行政机关及其工作人员违反行政许可法律规定的情形
违法披露申请人提交的商业秘密、未披露信息或者保密商务信息的
以转让技术作为取得行政许可的条件，或者在实施行政许可的过程中直接或者间接地要求转让技术的
未依法说明不受理行政许可申请或者不予行政许可的理由的
依法应当举行听证而不举行听证的
对符合法定条件的行政许可申请不予受理的
不在办公场所公示依法应当公示的材料的
在受理、审查、决定行政许可过程中，未向申请人、利害关系人履行法定告知义务的
申请人提交的申请材料不齐全、不符合法定形式，不一次告知申请人必须补正的全部内容的
有这些情形的，由其上级行政机关或者监察机关责令改正；情节严重的，对直接负责的主管人员和其他直接责任人员依法给予行政处分

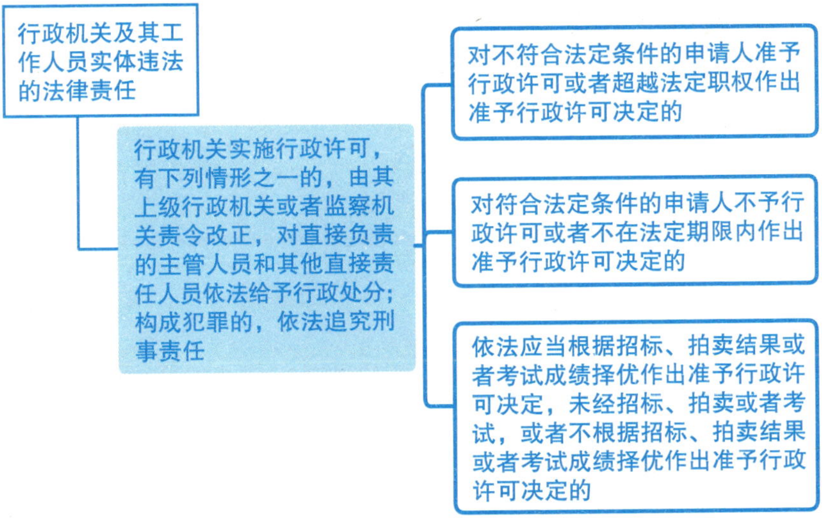
行政机关及其工作人员实体违法的法律责任
行政机关实施行政许可，有下列情形之一的，由其上级行政机关或者监察机关责令改正，对直接负责的主管人员和其他直接责任人员依法给予行政处分；构成犯罪的，依法追究刑事责任
对不符合法定条件的申请人准予行政许可或者超越法定职权作出准予行政许可决定的
对符合法定条件的申请人不予行政许可或者不在法定期限内作出准予行政许可决定的
依法应当根据招标、拍卖结果或者考试成绩择优作出准予行政许可决定，未经招标、拍卖或者考试，或者不根据招标、拍卖结果或者考试成绩择优作出准予行政许可决定的

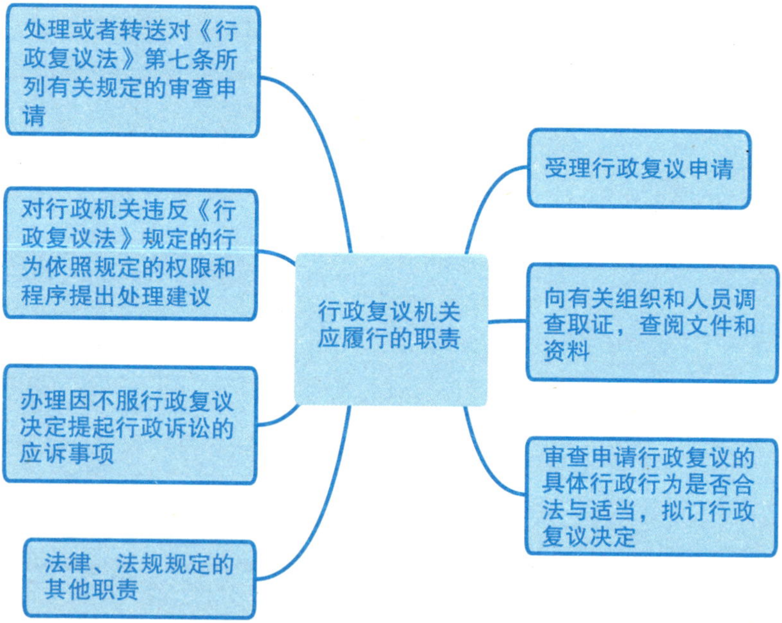
行政复议机关应履行的职责
受理行政复议申请
向有关组织和人员调查取证，查阅文件和资料
审查申请行政复议的具体行政行为是否合法与适当，拟订行政复议决定
处理或者转送对《行政复议法》第七条所列有关规定的审查申请
对行政机关违反《行政复议法》规定的行为依照规定的权限和程序提出处理建议
办理因不服行政复议决定提起行政诉讼的应诉事项
法律、法规规定的其他职责

复议决定的作出

行政复议机关负责法制工作的机构应当对被申请人作出的具体行政行为进行审查，提出意见，经行政复议机关的负责人同意或者集体讨论通过后，按照下列规定作出行政复议决定

- 具体行政行为认定事实清楚，证据确凿，适用依据正确，程序合法，内容适当的，决定维持
- 被申请人不履行法定职责的，决定其在一定期限内履行
- 具体行政行为有下列情形之一的，决定撤销、变更或者确认该具体行政行为违法；决定撤销或者确认该具体行政行为违法的，可以责令被申请人在一定期限内重新作出具体行政行为 → 行政复议机关责令被申请人重新作出具体行政行为的，被申请人不得以同一的事实和理由作出与原具体行政行为相同或者基本相同的具体行政行为
  - 主要事实不清、证据不足的
  - 适用依据错误的
  - 违反法定程序的
  - 超越或者滥用职权的
  - 具体行政行为明显不当的
- 被申请人不按照法律规定提出书面答复、提交当初作出具体行政行为的证据、依据和其他有关材料的，视为该具体行政行为没有证据、依据，决定撤销该具体行政行为

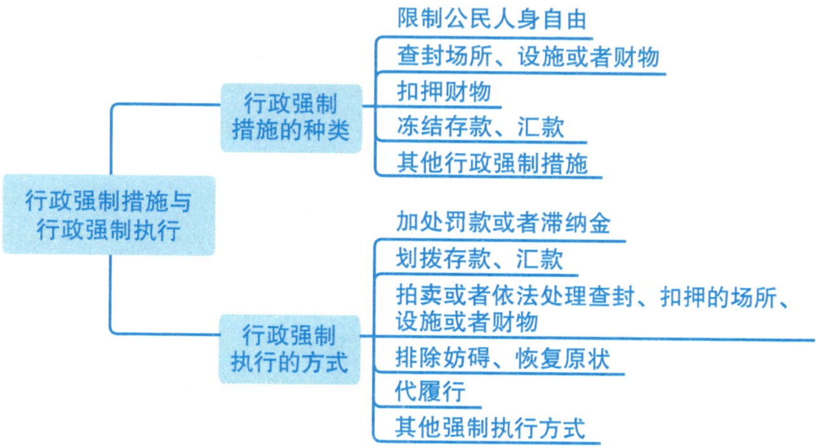
行政强制措施与行政强制执行
行政强制措施的种类
限制公民人身自由
查封场所、设施或者财物
扣押财物
冻结存款、汇款
其他行政强制措施
行政强制执行的方式
加处罚款或者滞纳金
划拨存款、汇款
拍卖或者依法处理查封、扣押的场所、设施或者财物
排除妨碍、恢复原状
代履行
其他强制执行方式

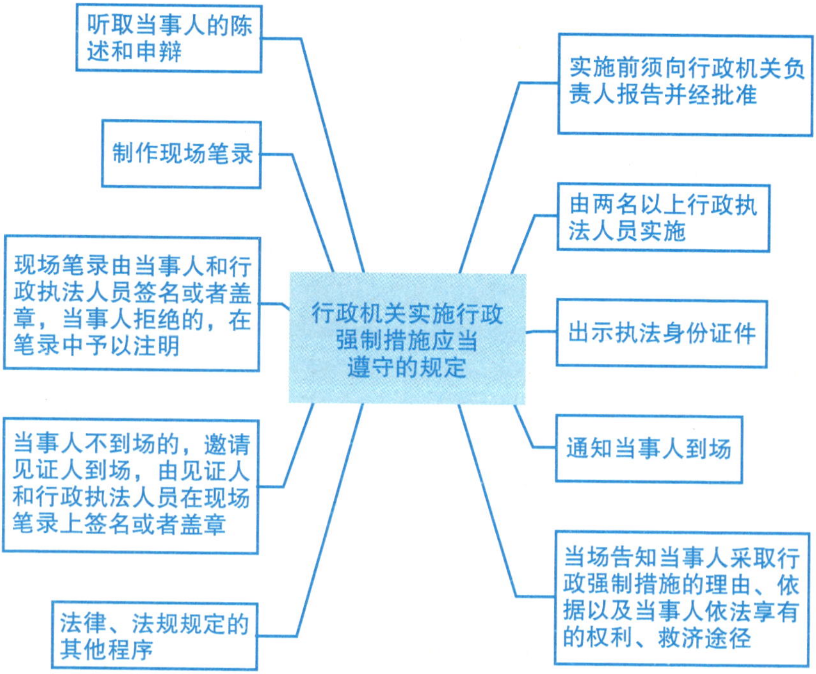
行政机关实施行政强制措施应当遵守的规定
实施前须向行政机关负责人报告并经批准
由两名以上行政执法人员实施
出示执法身份证件
通知当事人到场
当场告知当事人采取行政强制措施的理由、依据以及当事人依法享有的权利、救济途径
听取当事人的陈述和申辩
制作现场笔录
现场笔录由当事人和行政执法人员签名或者盖章，当事人拒绝的，在笔录中予以注明
当事人不到场的，邀请见证人到场，由见证人和行政执法人员在现场笔录上签名或者盖章
法律、法规规定的其他程序

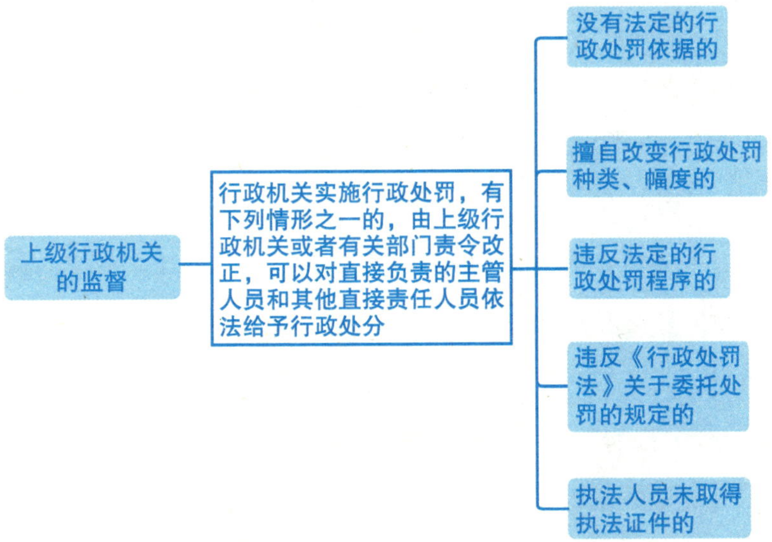
上级行政机关的监督
行政机关实施行政处罚，有下列情形之一的，由上级行政机关或者有关部门责令改正，可以对直接负责的主管人员和其他直接责任人员依法给予行政处分
没有法定的行政处罚依据的
擅自改变行政处罚种类、幅度的
违反法定的行政处罚程序的
违反《行政处罚法》关于委托处罚的规定的
执法人员未取得执法证件的

15. 聚众扰乱公共秩序的，该怎么处理？

◆ 案例分析

2020年4月，交警小刘在某市区某十字路口执勤，中午12点左右，小刘听到一声巨响，他和同事小杨闻声立即赶往事故现场，在保护现场的同时，立即展开了对小轿车司机的抢救工作。通过调取监控录像可以确定，小轿车违规转弯抢道，致使正常行驶的油罐车发生倾覆，将小轿车车身砸毁，小轿车车主应对此事故负主要责任。后小轿车车主经抢救无效死亡，车主的妻子方女士对交通事故认定结果表示不服，聚集了30多个亲友把交警支队大门口堵住，导致当天交警支队的正常工作无法进行。对于这种聚众扰乱公共秩序的行为，交警支队该如何处理？

根据《宪法》第41条规定，中华人民共和国公民对任何国家机关和国家工作人员的工作不满意都可以提出批评和建议，这是在根本法层面上对公民行使监督权的保证。但是，公民监督权的行使不是毫无限制的，《信访条例》《治安管理处罚法》《刑法》等法律法规同时规定，公民在行使对国家机关及其工作人员的监督权时，不能扰乱社会公共秩序，否则就要受到行政处罚，严重的会构成扰乱公共秩序罪。本案中，方女士等人阻碍交警执法的行为，扰乱了公共秩序，已经违反了《治安管理处罚法》的规定。根据《治安管理处罚法》第23条第1款第1项规定，扰乱机关、团体、企业、事业单位秩序，致使工作、生产、营业、医疗、教学、科研不能正常进行，尚未造成严重损失的，处警告或者200元以下罚款；情节较重的，处5日以上10日以下拘留，可以并处500元以下罚款。因此，交警支队可以将方女士等人的行为向公安机关举报，由公安机关对其处以行政拘留的处罚。

◆ 法律条文

《中华人民共和国宪法》

第四十一条　中华人民共和国公民对于任何国家机关和国家工作人员，有提出批评和建议的权利；对于任何国家机关和国家工作人员的违法失职行为，有向有关国家机关提出申诉、控告或者检举的权利，但是不得捏造或者歪曲事实进行诬告陷害。

对于公民的申诉、控告或者检举，有关国家机关必须查清事实，负责处理。任何人不得压制和打击报复。

由于国家机关和国家工作人员侵犯公民权利而受到损失的人，有依照法律规定取得赔偿的权利。

《中华人民共和国治安管理处罚法》

第二十三条　有下列行为之一的，处警告或者二百元以下罚款；情节较重的，处五日以上十日以下拘留，可以并处五百元以下罚款：

（一）扰乱机关、团体、企业、事业单位秩序，致使工作、生产、营业、医疗、教学、科研不能正常进行，尚未造成严重损失的；

……

聚众实施前款行为的，对首要分子处十日以上十五日以下拘留，可以并处一千元以下罚款。

深度解析

保障公共场所、机关单位的正常活动对维护社会稳定具有重要意义。聚众冲击企事业单位、社会团体所在地，以及在企事业单位、社会团体门前、院内大肆喧嚣吵闹等行为会扰乱有关单位工作的正常进行，给国家、社会造成一定的损失，在尚未构成犯罪的情形下，法律会对相关人员施以必要的行政处罚。

16. 地方性法规设定限制人身自由的行政处罚合法吗?

◆ 案例分析

某省人民代表大会代表向省人民代表大会提案称：当前，向耕地排放或者倾倒废水、废气、固体废弃物的现象较为严重，且有愈演愈烈的趋势，制定专门的地方性法规来保护国土资源十分必要。于是，该省人民代表大会常委会启动了相关草案的拟定工作。今年3月，该省人民代表大会正式出台了关于国土保护和治理的条例，确立了黑名单制度，加大了行政处罚力度，对不按规定治理环境污染且情节严重的企业，在处以罚款的基础上，对直接责任人处15日以下拘留。那么，该省人民代表大会能不能通过出台地方性法规设定行政拘留的处罚措施?

省、直辖市的人民代表大会及其常务委员会，在不同宪法、法律、行政法规相抵触的前提下，可以制定地方性法规，报全国人民代表大会常务委员会备案。但是，《行政处罚法》第10条明确规定："法律可以设定各种行政处罚。限制人身自由的行政处罚，只能由法律设定。"因此，省人民代表大会没有权力自行设定限制人身自由的行政处罚，只能由法律来设定，本案中某省人民代表大会在出台的地方性法规中设定行政拘留的处罚措施的作法是违法的。

◆ 法律条文

《中华人民共和国行政处罚法》

第十条 法律可以设定各种行政处罚。

限制人身自由的行政处罚，只能由法律设定。

第十二条 地方性法规可以设定除限制人身自由、吊销营业执照以外的行政处罚。

法律、行政法规对违法行为已经作出行政处罚规定，地方性法规需要作出具体规定的，必须在法律、行政法规规定的给予行政处罚的行为、种类和幅度的范围内规定。

法律、行政法规对违法行为未作出行政处罚规定，地方性法规为实施法律、行政法规，可以补充设定行政处罚。拟补充设定行政处罚的，应当通过听证会、论证会等形式广泛听取意见，并向制定机关作出书面说明。地方性法规报送备案时，应当说明补充设定行政处罚的情况。

深度解析

人身自由权是公民权利中最基本的一项权利，限制人身自由是一种相当严厉的处罚，只有法律才可以规定此类处罚，而且即使是法律规定，也要采取慎重的态度。此规定具有排他性，即除法律外，其他任何形式的规范性文件都不得规定涉及公民人身自由的行政处罚。

17. 有数量限制的行政许可，有多人进行申请时应如何处理？

◆ 案例分析

随着经济的发展，某市政府决定兴建新的工业园区，将一些大中型企业进行集中管理，形成集约化发展的经济模式。该市的冶金企业、传统造纸企业、化工企业等纷纷向市生态环境部门申请排污许可证，以便将来迁入新园区后可以降低生产成本，获得更好的发展空间。主管此事的生态环境局领导肖某会同相关负责同志，对递交申请的企业逐一进行核查，对其中不符合条件的企业进行剔除，剩下的申请则按照国家法律的规定进行行政审批。请问：有数量限制的行政许可，有多人进行申请时应如何处理？

在上述情况下，一般按照受理行政许可申请的先后顺序作出准予行政许可的决定。根据是否存在数量限制来划分行政许可种类，可分为有数量限制的行政许可和无数量限制的行政许可两大类。所谓“有数量限制的行政许可”，是指由于受一定条件的限制，在同一个地区、同一时段内，只能发放一定数量的准许从事某种活动的许可证，如果某一申请人取得该项许可后导致限额已满，此后其他的申请人就不能再申请该项许可了。符合条件的申请人较多时，依据《行政许可法》第 57 条规定，行政机关应当根据受理行政许可申请的先后顺序作出准予行政许可的决定。但是，法律、行政法规另有规定的，依照其规定。本案中，由于排污证是国家法律规定的有数量限制的行政许可，因此在有多个主体进行申请时，会存在申请数量多于审批数量的情形，生态环境局负责此事的相关领导与工作人员应当在符合条件的行政申请中，按照申请的先后顺序进行审批。

◆ 法律条文

《中华人民共和国行政许可法》

第五十七条 有数量限制的行政许可，两个或者两个以上申请人的申请均符合法定条件、标准的，行政机关应当根据受理行政许可申请的先后顺序作出准予行政许可的决定。但是，法律、行政法规另有规定的，依照其规定。

深度解析

对于涉及有限自然资源的开发利用、公共资源的配置以及直接关系公共利益的特定行业的市场准入等事项，为了对国家与公共利益进行合理保护，防止盲目竞争引发混乱，法律对于某些事项设定了数量有限的行政许可。为了防止行政机关在审批行政许可过程中徇私舞弊，所以规定除非法律另有规定，否则应当按照申请的先后顺序进行审批。

18. 在行政复议过程中，被申请人是否可以要求申请人提供证据？

◆ 案例分析

高某与朋友合伙开了一家酒厂，某县税务局在对高某的纳税记录进行检查时发现，高某存在偷逃税款的行为，于是作出了行政处罚决定，要求高某限期补齐所欠税款，并对高某处以 5 万元的罚款。高某感觉自己的实际经营收入并没有那么高，5 万元的罚款实在是过高了。于是，高某某向市税务局提请行政复议。某县税务局在了解到这一情况后，要求高某提供自己的实际收入、支出等账务记录作为证据使用。行政复议机关领导白某得知某县税务局自行向高某进行证据申请后，责令被申请人即刻停止该行为，并对有关人员进行了批评教育。请问：在行政复议过程中，被申请人是否可以要求申请人提供证据？

根据国家税务总局制定的《税务行政复议规则》第 14 条的规定，公民、法人或者其他组织对税务机关及其工作人员作出的罚款，包括逾期交纳罚款的加罚行为不服的，可申请复议。在本案中，高某对某县税务局作出的罚款 5 万元的行政决定不服，符合法律规定的法定缘由，因此其提请行政复议是正当的。但是，某县税务局在复议过程中，私自要求申请人提供证据，违反了法律的有关规定。《行政复议法》第 24 条规定："在行政复议过程中，被申请人不得自行向申请人和其他有关组织或者个人收集证据。”而行政复议机关的领导白某在得知情况后所作出的要求被申请人即刻停止行为的决定是十分正确的，完全符合法律的规定。

◆ 法律条文

《中华人民共和国行政复议法》

第二十四条 在行政复议过程中，被申请人不得自行向申请人和其他有关组织或者个人收集证据。

《税务行政复议规则》

第十四条 行政复议机关受理申请人对税务机关下列具体行政行为不服提出的行政复议申请：

……

（五）行政处罚行为：

1. 罚款；

2. 没收财物和违法所得；

3. 停止出口退税权。

……

深度解析

在行政复议过程中，被申请人不得自行取证。被申请人作出的行政行为必须建立在证据确实充分的基础上，所以在申请人提请行政复议之前，针对该行政行为的证据被申请人应当已确实充分地掌握。法律作出行政复议期间被申请人不得自行收集证据的规定，有利于督促被申请人在作出行政行为之前做到证据充分，是保障申请人合法权益的表现。同时，被申请人如果认为有证据确需收集，可以提请复议机关进行收集。

19. 行政复议机关在复议期间是否可以停止具体行政行为的执行?

◆ 案例分析

某市生态环境局在对市内某大型冶金工厂进行检查时发现，该工厂排放的废气超出国家规定的有关标准，责令该工厂停产整改。工厂方面觉得自己具有完备的审批手续，并且未对锅炉等相关设施进行过改造，因此表示不服，向省生态环境厅申请了行政复议。因为该工厂的生产任务重，一旦停产损失巨大，所以其在申请复议的同时向省生态环境厅申请在行政复议期间停止执行某市生态环境局所作出的具体行政行为。请问：行政复议机关在复议期间是否可以停止具体行政行为的执行？

根据《行政复议法》第 21 条的规定，行政复议期间具体行政行为不停止执行，行政复议申请不停止具体行政行为执行的原则，是基于行政机关依其职权所作出的具体行政行为，是代表国家作出的。行政机关为实现行政目的，作出具体行政行为，该行为的强制力和执行力表现为在违法或不当的具体行政行为被撤销或变更以前，并不因行政管理相对人申请行政复议而影响其执行。因此，行政管理相对人在申请行政复议的同时，还要继续执行行政机关所作出的具体行政行为。但是该法第 21 条同时规定，有下列情形之一的，可以停止执行：（一）被申请人认为需要停止执行的；（二）

行政复议机关认为需要停止执行的；（三）申请人申请停止执行，行政复议机关认为其要求合理，决定停止执行的；（四）法律规定停止执行的。在本案中，冶金工厂依据相关证据申请行政复议，同时以工厂效益作为理由申请复议期间停止执行具体行政行为，行政复议机关应当审核其要求，如果确实合理，则应予以批准；如果不合理，则应予以驳回。

◆ 法律条文

《中华人民共和国行政复议法》

第二十一条 行政复议期间具体行政行为不停止执行；但是，有下列情形之一的，可以停止执行：

（一）被申请人认为需要停止执行的；

（二）行政复议机关认为需要停止执行的；

（三）申请人申请停止执行，行政复议机关认为其要求合理，决定停止执行的；

（四）法律规定停止执行的。

深度解析

行政行为是基于行政机关的职能与权限作出的，因此为了保障代表国家利益的行政机关的强制力与执行力，在复议期间不停止执行具体行政行为。但是，由于行政行为可能存在明显瑕疵或错误，为了保护申请者的合法利益，在符合法定情形的情况下，具体的行政行为应当被停止执行。

20. 行政复议中，被申请人在收到申请书副本后应以何种形式做出答复？

◆ 案例分析

周某是某村的低保户，近年来，由于周某的儿子已经参加工作并且收入可观，考虑到实际情况的变化，县民政局作出行政决定，在新一年度取消了周某的低保户待遇。周某收到通知后表示不服，向市民政局申请了行政复议。市民政局在收到周某的申请书后，将申请书副本送达县民政局。主管此事的县民政局领导刘某让秘书小张写一份书面答复，连同相关证据一起送交市民政局，但是小张表示市民政局与县民政局是上下级关系，自己口头向市民政局的领导解释一下此事就行了，没必要进行书面答复。请问：行政复议中，被申请人在收到申请书副本后应以何种形式做出答复？

《行政复议法》第 23 条明确规定，被申请人（作出具体行政行为的行政机关）应当自收到申请书副本或者申请笔录复印件之日起 10 日内，提出书面答复，并提交当初作出具体行政行为的证据、依据和其他有关材料。在本案中，秘书小张的想法显然是错误的，虽然县民政局与市民政局是上下级关系，但是法律对行政复议的相关程序有明确的规定，在行政复议过程中，县民政局是作为被申请人出现在这一行政关系纠纷中的，因此应当严格遵守法律的规定，提出书面答复，并提交相关证据和材料，由上级机关进行公正的审议。

◆ 法律条文

《中华人民共和国行政复议法》

第二十三条　行政复议机关负责法制工作的机构应当自行政复议申请受理之日起七日内，将行政复议申请书副本或者行政复议申请笔录复印件发送被申请人。被申请人应当自收到申请书副本或者申请笔录复印件之日起十日内，提出书面答复，并提交当初作出具体行政行为的证据、依据和其他有关材料。

申请人、第三人可以查阅被申请人提出的书面答复、作出具体行政行为的证据、依据和其他有关材料，除涉及国家秘密、商业秘密或者个人隐私外，行政复议机关不得拒绝。

深度解析

行政复议坚持的是及时原则，这一原则要求行政复议机关在受理、审理行政复议案件的各个环节中都能在法定期限内履行职责，这一方面有利于及时作出决断，保障当事人利益；另一方面能够节省行政资源，防止不必要的浪费。所以，法律对于被申请人的答辩期限作出了规定，同时在举证责任方面，要求申请人针对主张提交证据，必要时，允许申请人或者第三人查阅相关材料。

21. 有关机关对于信访事项进行拖延，应当如何进行处理？

◆ 案例分析

某市生态环境局的主要负责领导高某到下属的某县生态环境局进行调研工作时发现，对于居民强烈反映并且多次通过正式信访提出的临河造纸厂向河内随意排放污水，严重影响居民饮用水安全的问题，该县生态环境局在处理时一直推诿、拖延，并未真正为百姓解决困难。高某对此表示十分气愤。市生态环境局有关领导根据高某反映的情况，经过研究讨论，决定对该县生态环境局及有关负责人进行处分。请问：有关机关对于信访事项一直拖延，应当如何进行处理？

根据《信访条例》第 43 条的规定，对信访事项有权处理的行政机关在办理信访事项过程中，推诿、敷衍、拖延信访事项办理或者未在法定期限内办结信访事项的，由其上级行政机关责令改正；造成严重后果的，对直接负责的主管人员和其他直接责任人员依法给予行政处分。因此，有关机关办理信访事项时，应当恪尽职守、及时妥善处理，不得推诿、敷衍、拖延。对久拖不决的，上级行政机关有权责令其改正，后果严重的应当依法给予相关人员行政处分。本案中，某市生态环境局领导高某在调研过程中发现某县生态环境局对于百姓多次信访举报的河流污染事项一直推诿、拖延，该县生态环境局的行为已经严重违反了《信访条例》的有关规定，某市生态环境局应当责令该县生态环境局限期改正，如果已经造成严重后果，则应依法对相关人员给予行政处分。

◆ 法律条文

《信访条例》

第四十三条 对信访事项有权处理的行政机关在办理信访事项过程中，有下列行为之一的，由其上级行政机关责令改正；造成严重后果的，对直接负责的主管人员和其他直接责任人员依法给予行政处分：

（一）推诿、敷衍、拖延信访事项办理或者未在法定期限内办结信访事项的；

（二）对事实清楚，符合法律、法规、规章或者其他有关规定的投诉请求未予支持的。

深度解析

对于信访事项有权处理的行政机关在工作过程中故意推诿、敷衍、拖延不处理问题的行为，在符合法定情形的情况下，应给予相应处分。法律赋予公民与法人信访权，其目的在于通过信访，纠正有关机关的不当行为，保护社会公众的合法权益。但是，有权处理的机关在办理信访事项时拖延、推诿，或者故意对正当事项不予支持的，其行为在本质上违背了国家设立信访制度的目的，会极大地损害政府的威信与人民的利益，所以应当通过给予其相关处分来对其进行威慑与监督。

22. 信访人诬告陷害他人的，应当承担怎样的法律后果？

◆ 案例分析

廖某想开设一家冶金工厂，向有关行政机关提出了行政申请。环保部门在调查后，认为廖某的工厂在污水排放上未能达到国家标准，所以未予批准。心怀不满的廖某认为是主管此事的审批领导杨某故意刁难自己，于是向有关部门递交材料，举报杨某有受贿行为。有关部门经查实，发现廖某的举报纯属诬告。请问：信访人诬告陷害他人的，应当承担怎样的法律后果？

《信访条例》第48条规定："信访人捏造歪曲事实、诬告陷害他人，构成犯罪的，依法追究刑事责任；尚不构成犯罪的，由公安机关依法给予治安管理处罚。"信访人捏造事实，滥用法律赋予的信访权利，诬告陷害他人的，不但致使他人名誉受到损害，而且违反了法律的规定，理应受到法律的处罚。本案中，作为审批主管领导的杨某依据正当的理由与事实拒绝了廖某的行政申请，廖某不从自身查找原因，却妄图通过诬告的手段来陷害杨某，以达到自己的目的。廖某的行为已经触犯了法律，理应受到法律的处罚。

◆ 法律条文

《信访条例》

第四十八条 信访人捏造歪曲事实、诬告陷害他人，构成犯罪的，依法追究刑事责任；尚不构成犯罪的，由公安机关依法给予治安管理处罚。

深度解析

法律赋予公民、法人及其他组织信访的权利，目的是保护处于相对弱势地位的主体。但是在赋予权利的同时，为了保护被信访人的利益，防止恶意报复等行为的发生，法律也规定了信访人所依据的事实必须是真实有效的，不得诬告陷害。诬告陷害一方面会对被信访人的名誉权造成损害，另一方面扰乱了正常的法律秩序，理应受到法律的惩处。

23. 行政催告应当包含哪些事项?

◆ 案例分析

吕某长期从事烟花爆竹的生产经营活动，在资格证到期后，没有及时到有关部门办理新的行政审批手续。安全生产管理监督部门在执法过程中发现这一问题后，认为吕某的生产资质有效期已经届满，在未办理新的审批手续的情况下仍然进行生产经营，已经违反了相关行政法规的规定，因此责令吕某停止经营活动，限期整改，补办相关资质认证手续。但是过了一段时间，吕某仍然未办理，并且继续进行生产经营。安全生产管理监督部门对吕某出具了催告书，告知吕某限期进行停产整改，否则将会对吕某进行强制执行。请问：行政催告应当包含哪些事项？

依照《行政强制法》第35条规定："行政机关作出强制执行决定前，应当事先催告当事人履行义务。催告应当以书面形式作出，并载明下列事项：（一）履行义务的期限；（二）履行义务的方式；（三）涉及金钱给付的，应当有明确的金额和给付方式；（四）当事人依法享有的陈述权和申辩权。"在本案中，因为烟花爆竹属于国家规定的危险品领域，吕某在资质丧失的情况下，仍然私自进行生产经营，根据《危险化学品安全管理条例》第76条的规定，应当对吕某进行相关处罚。同时，安全生产管理监督部门在作出强制执行决定前，在出具的催告书中应当载明相关法定事项。

◆ 法律条文

《中华人民共和国行政强制法》

第三十五条　行政机关作出强制执行决定前，应当事先催告当事人履行义务。催告应当以书面形式作出，并载明下列事项：

（一）履行义务的期限；

（二）履行义务的方式；

（三）涉及金钱给付的，应当有明确的金额和给付方式；

（四）当事人依法享有的陈述权和申辩权。

《危险化学品安全管理条例》

第七十六条　未经安全条件审查，新建、改建、扩建生产、储存危险化学品的建设项目的，由安全生产监督管理部门责令停止建设，限期改正；逾期不改正的，处 50 万元以上 100 万元以下的罚款；构成犯罪的，依法追究刑事责任。

未经安全条件审查，新建、改建、扩建储存、装卸危险化学品的港口建设项目的，由港口行政管理部门依照前款规定予以处罚。

深度解析

行政机关作出强制执行决定前应依法作出催告。行政机关的强制执行一经作出，即对当事人产生行政法律效力，因此事前对当事人进行书面催告并载明相关法定事项，有利于当事人明确相关法定义务，并且作出相应的整改措施，是充分保障当事人权利的表现。

24. 在紧急情况下，行政机关是否可以在夜间进行强制执行？

◆ 案例分析

赵某为了在拆迁时获得更多的补偿款，私自扩建院墙，在新占的空地上临时加盖了两间房。由于是仓促施工，院墙十分不稳，存在一定的安全风险，并且院墙侵占了行人过道，给居民生活造成了不便。有关行政机关在了解到这一情况后，责令赵某限期拆除，但是赵某对于行政机关的行政决定不予理睬。经过连日大雨，原本已经存在安全风险的院墙现在随时可能垮塌，严重危及过往行人的安全。张某作为负责此事的领导，了解到该情况后即刻带人赶往现场，在经过现场勘查后，决定连夜对该违章建筑进行拆除。请问：在紧急情况下，行政机关是否可以在夜间进行强制执行？

《行政强制法》第 44 条规定："对违法的建筑物、构筑物、设施等需要强制拆除的，应当由行政机关予以公告，限期当事人自行拆除。当事人在法定期限内不申请行政复议或者提起行政诉讼，又不拆除的，行政机关可以依法强制拆除。"第 43 条第 1 款规定："行政机关不得在夜间或者法定节假日实施行政强制执行。但是，情况紧急的除外。"

本案中，赵某违反相关规定，侵占行人过道私自加盖违章建筑，行政机关依照法律规定责令赵某限期拆除，但是赵某拒不执行行政机关的决定。同时，该院墙因为连日大雨而存在巨大安全风险，确实严重危及行人人身安全。张某作为负责此事的行政机关领导，面对确属紧急的情况，作出对该建筑连夜强制拆除的决定是符合法律规定的。

◆ 法律条文

《中华人民共和国行政强制法》

第四十三条第一款 行政机关不得在夜间或者法定节假日实施行政强制执行。但是，情况紧急的除外。

第四十四条 对违法的建筑物、构筑物、设施等需要强制拆除的，应当由行政机关予以公告，限期当事人自行拆除。当事人在法定期限内不申请行政复议或者提起行政诉讼，又不拆除的，行政机关可以依法强制拆除。

深度解析

法律规定除紧急情况外，不得在夜间或者节假日进行强制执行，一方面是充分保护当事人的权益，不因为强制执行而影响被强制执行人的法定休息权，同时也保障周围居民生活不因强制执行而受到影响；另一方面也是考虑到行政机关人员享有休息的权利。但是在紧急情况下，因为事态危急，可能存在安全风险，所以允许在夜间和节假日进行强制执行。

25. 行政强制措施可以委托给他人进行吗？

◆ 案例分析

春节期间，赵某看到火车票的需求量很大，于是自己伪造、变造火车票并进行倒卖，后被公安机关发现。公安机关随即对其伪造、变造及倒卖火车票的情况展开了调查。在调查的过程中，经公安部门负责人批准，公安机关使用传唤证传唤了赵某。但是，由于赵某逃避传唤，于是公安机关决定对赵某进行强制传唤。请问：强制传唤应该由谁执行？如果本案中参与调查的人员人手不够，可以委托给其他社会人士进行强制传唤吗？

《治安管理处罚法》第 79 条规定："公安机关及其人民警察对治安案件的调查，应当依法进行……"第 82 条规定："需要传唤违反治安管理行为人接受调查的，经公安机关办案部门负责人批准，使用传唤证传唤。对现场发现的违反治安管理行为人，人民警察经出示工作证件，可以口头传唤，但应当在询问笔录中注明。公安机关应当将传唤的原因和依据告知被传唤人。对无正当理由不接受传唤或者逃避传唤的人，可以强制传唤。"本案中，传唤赵某接受调查，需要经公安机关办案部门负责人批准，使用传唤证传唤。如果赵某逃避传唤，可以采取强制传唤的方式。

那么，强制传唤是不是可以交由他人进行呢？答案是否定的。《行政强制法》第 17 条规定："行政强制措施由法律、法规规定的行政机关在法定职权范围内实施。行政强制措施权不得委托。……行政强制措施应当由行政机关具备资格的行政执法人员实施，其他人员不得实施。”因此，本案中公安机关为行政强制措施的执行人，强制传唤的具体实施人员应该为公安人员，不能委托其他社会人员进行强制传唤。

◆ 法律条文

《中华人民共和国治安管理处罚法》

第七十九条第一款 公安机关及其人民警察对治安案件的调查，应当依法进行。严禁刑讯逼供或者采用威胁、引诱、欺骗等非法手段收集证据。

第八十二条 需要传唤违反治安管理行为人接受调查的，经公安机关办案部门负责人批准，使用传唤证传唤。对现场发现的违反治安管理行为人，人民警察经出示工作证件，可以口头传唤，但应当在询问笔录中注明。

公安机关应当将传唤的原因和依据告知被传唤人。对无正当理由不接受传唤或者逃避传唤的人，可以强制传唤。

《中华人民共和国行政强制法》

第十七条 行政强制措施由法律、法规规定的行政机关在法定职权范围内实施。行政强制措施权不得委托。

依据《中华人民共和国行政处罚法》的规定行使相对集中行政处罚权的行政机关，可以实施法律、法规规定的与行政处罚权有关的行政强制措施。

行政强制措施应当由行政机关具备资格的行政执法人员实施，其他人员不得实施。

深度解析

行政强制措施的执法主体比较庞杂，个别地方和部门将行政强制权委托给社会组织和不具备资格的执法人员实施，有的甚至雇用临时人员执法，执法随意性大，导致出现侵害公民合法权益的情况，影响法制的严肃性。为对行政强制的执法主体进一步加以规范，法律规定行政强制措施权不得委托，这与其他行政权力的实施有很大不同。

26. 公民死亡后，行政强制执行还有必要进行吗？

◆ 案例分析

2019 年 10 月 10 日，某市市场监管局作出行政处罚决定书，认定潘某经营未经注册的医疗器械，违反了《医疗器械监督管理条例》的规定，决定没收潘某尚未销售的未经注册的医疗器械，并罚款人民币 5000 元，限期缴纳。逾期缴纳罚款的，每日按罚款数额的 3% 加处滞纳金罚款。后来，潘某既不缴纳罚款，也不申请行政复议或提起行政诉讼。于是，该局向法院申请强制执行。执行前潘某突遭交通事故死亡。请问：公民死亡后，行政强制执行还有必要进行吗？

根据《行政强制法》第 40 条的规定，公民死亡，无遗产可供执行，又无义务承受人的，终结执行。也就是说，公民死亡后，行政强制是否还有必要执行，需要分情况看待。当公民死亡，无遗产可供执行，又无义务承受人的，行政强制不再执行。当公民死亡，有遗产或有义务承受人的，并不当然终结执行。所以，潘某死亡后，需要看其有无遗产及义务承受人等再来决定行政强制是否继续执行。

◆ 法律条文

《中华人民共和国行政强制法》

第四十条 有下列情形之一的，终结执行：

（一）公民死亡，无遗产可供执行，又无义务承受人的；

（二）法人或者其他组织终止，无财产可供执行，又无义务承受人的；

（三）执行标的灭失的；

（四）据以执行的行政决定被撤销的；

（五）行政机关认为需要终结执行的其他情形。

深度解析

中止执行是强制执行程序的中断，而非终止，待法定中止情形消除以后，行政机关应当恢复执行。终结执行是执行程序的结束，作为执行根据的行政决定确定的内容没有得到落实，且不再恢复执行。终止执行大多是在强制执行程序无法进行的情况下发生的，比如公民死亡或者法人终止且无可供执行财产和义务承受人等，这时继续执行已经无法实现，故应当终结执行。实践中要注意区分中止执行和终结执行的情形。

27. 强制拆除违法建筑物的，应该按照怎样的程序进行？

◆ 案例分析

某区即将进行旧城区改造项目，多户居民为多获得房屋拆迁收益，竞相盖房，扩大房屋面积。很多扩建新增房屋甚至占用了公共道路，严重影响了正常的交通秩序。有关部门经过多次协调均无法解决，遂对居民违法建筑的房屋依法作出了限期拆除并处罚款的决定，并告知居民如不履行房屋就会被强制拆除。那么，要强制拆除违法建筑物的，应该按照怎样的程序进行呢？

《行政强制法》第 44 条规定："对违法的建筑物、构筑物、设施等需要强制拆除的，应当由行政机关予以公告，限期当事人自行拆除。当事人在法定期限内不申请行政复议或者提起行政诉讼，又不拆除的，行政机关可以依法强制拆除。"本案中，违法房屋要强制拆除的，应当先由行政机关予以公告，限期当事人自行拆除。当事人在法定期限内不申请行政复议、不提起行政诉讼，又不拆除的，行政机关就可以依法强制拆除。同时，根据《行政强制法》第 45 条的规定，行政机关依法作出金钱给付义务的行政决定，即本案之中的罚款，居民逾期不履行的，行政机关可以依法加处罚款或者滞纳金。加处罚款或者滞纳金的标准应当告知居民。同时，加处罚款或者滞纳金的数额不得超出金钱给付义务的数额。

◆ 法律条文

《中华人民共和国行政强制法》

第四十四条 对违法的建筑物、构筑物、设施等需要强制拆除的，应当由行政机关予以公告，限期当事人自行拆除。当事人在法定期限内不申请行政复议或者提起行政诉讼，又不拆除的，行政机关可以依法强制拆除。

第四十五条 行政机关依法作出金钱给付义务的行政决定，当事人逾期不履行的，行政机关可以依法加处罚款或者滞纳金。加处罚款或者滞纳金的标准应当告知当事人。

加处罚款或者滞纳金的数额不得超出金钱给付义务的数额。

深度解析

对于违法建筑的行政强制拆除，应先由行政机关依法作出限期拆除的决定交由当事人执行，如果当事人不执行，且在法定期限内不申请行政复议或者提起行政诉讼，则行政机关应当作出书面催告通知书，催告当事人履行拆除义务，同时应当将强制拆除违法建筑的内容向社会公告。在催告通知及公告催告履行期满之后，当事人仍不履行拆除义务的，行政机关应当依法作出强制执行决定并确定强制执行的具体时间，送达当事人。

28. 违法后主动挽回危害后果的，能减轻处罚吗?

◆ 案例分析

为改善某市环境，在市生态环境局的统一组织下，某区生态环境部门对自身管辖区域内的排污企业进行了专项整治。在现场检查某家具厂时，发现该家具厂没有办理任何环保审批手续，家具打磨产生的粉尘和喷漆产生的废气未经收集处理，直接排放到大气中，给附近居民的生产生活造成了直接影响。区生态环境部门遂对该家具厂进行了环保教育，并依法对其作出了行政处罚决定。通过本次生态环境部门专项整治活动，该家具厂认识到违法排污行为的危害性，当即决定出资 10 万元用作市内绿化资金，同时决定采用环保材质、废木屑回收利用等方法来保护生态环境。那么，区生态环境部门执法人员能因该家具厂的补救行为对其减轻处罚吗?

企业在生产过程中违法违规排放污水废气的情况很多，根本原因在于企业的环境保护意识薄弱，没能认识到工业废气污水给人类生活带来的危害，而生态环境局的专项整治工作，对环境保护起到了法治宣传效果。依据《行政处罚法》第 32 条规定，行政相对人有以下几种行为时，行政机关应当依法从轻或者减轻行政处罚：（一）当事人主动消除或者减轻违法行为危害后果的；（二）当事人做出的违法行为是因受他人胁迫或者诱骗的；（三）主动供述行政机关尚未掌握的违法行为的；（四）当事人配合行政机关查处违法行为有立功表现的；（五）法律、法规、规章规定其他从轻或者减轻行政处罚的。同时，法律还规定，如果违法行为轻微没有造成危害后果，且当事人及时纠正自身违法行为的，不予行政处罚。

在本案中，家具厂被查处后，意识到违法排污行为的危害性，同时采取提供绿化资金、进行废物回收利用等实际行动来尽可能地挽回损失，为该市环境保护工作贡献了一份力量，属于违法后主动减轻违法行为危害后果的行为，市生态环境局应视情况从轻或者减轻行政处罚。

◆ 法律条文

《中华人民共和国行政处罚法》

第三十二条 当事人有下列情形之一，应当从轻或者减轻行政处罚：

（一）主动消除或者减轻违法行为危害后果的；

（二）受他人胁迫或者诱骗实施违法行为的；

（三）主动供述行政机关尚未掌握的违法行为的；

（四）配合行政机关查处违法行为有立功表现的；

（五）法律、法规、规章规定其他应当从轻或者减轻行政处罚的。

深度解析

法定的应当从轻或者减轻行政处罚的情形有以下五种：(一)主动消除或者减轻违法行为危害后果的。这里的关键词是"主动"，主动体现了违法当事人对违法行为的补救是从主观积极的角度来消除或者减轻违法行为的危害后果。(二)受他人胁迫或者诱骗实施违法行为的。这些人从主观上看是不完全愿意实施违法行为的，客观上在违法过程中所起的作用也较小。(三)主动供述行政机关尚未掌握的违法行为的。(四)配合行政机关查处违法行为有立功表现的。这种情况是当事人以实际行动对违法行为予以补救的最积极的体现。(五)法律、法规、规章规定其他应当从轻或者减轻行政处罚的。这是考虑到行政违法行为的形式和种类繁多，不可能在法条中全部罗列详尽而进行的概括性规定。

29. 信访办工作人员将检举材料转交给被揭发人的，会受到怎样的处罚？

◆ 案例分析

去年3月，张村得到县里拨的100万元扶贫款作为发展特色果园的专项资金，此项资金用于果树苗的采购支出、果园技术员的工资支出、果园日常管理支出等。但资金到位后，村干部并没有把钱用于果园建设，而是投资成立了一个水泥厂。村干部向村民承诺水泥厂的创收高，保证村民能得到实惠，但是一年后，该水泥厂因没有销路、亏损严重而被迫停产。村民不但没分到钱，反而连工资都被拖欠。村民认为村干部滥用职权，投资成立水泥厂造成了损失，浪费了资金。于是，村民将村干部的所作所为整理成材料寄到了信访办。信访办的一个工作人员是张村村主任的朋友，他私自将检举材料转交给了村主任。那么，该信访办工作人员的做法合法吗？

信访办的工作人员接收信访材料，是信访事项的处理者，他们应该站在公正的立场处理问题，不应该存有私心。根据《信访条例》第23条、第44条的规定，信访办的工作人员不得将信访材料转发给被揭发的人员或者单位，如有违反，应依法给予行政处分。信访工作人员应该严格履行自己的工作职责，恪尽职守，严于律己。本案中，信访办的工作人员没有遵守法律规定，私自将材料转交给被揭发人，这种行为是违法的，不利于信访事项的公正解决，应依法对该工作人员予以行政处分。

◆ 法律条文

《信访条例》

第二十三条　行政机关及其工作人员不得将信访人的检举、揭发材料及有关情况透露或者转给被检举、揭发的人员或者单位。

第四十四条　行政机关工作人员违反本条例规定，将信访人的检举、揭发材料或者有关情况透露、转给被检举、揭发的人员或者单位的，依法给予行政处分。

行政机关工作人员在处理信访事项过程中，作风粗暴，激化矛盾并造成严重后果的，依法给予行政处分。

深度解析

政府职能部门及其信访工作人员承担着处理信访事项的主要任务。信访事项处理的质量和效率直接关系到人民群众的正当权益能否得到有效保护，关系到党和政府在群众中的形象。行政机关及其工作人员违法透露检举、揭发材料会对信访人的心理造成很大影响，同时也可能会使被信访人对信访人产生打击报复心理，危害信访人的人身及其他权益，因此应依法予以禁止。对于故意违法的工作人员应依法给予行政处罚。

第四章
纪检监察法律知识

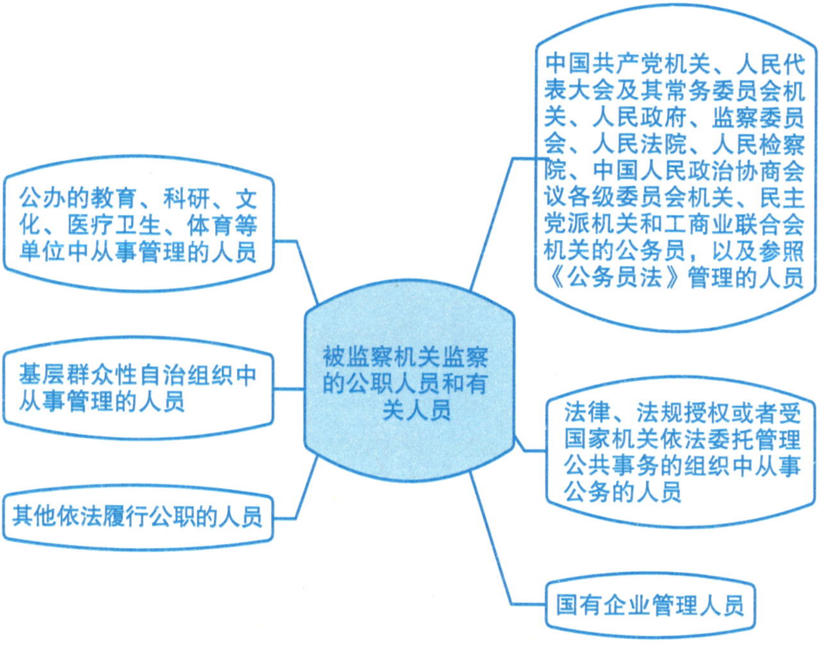
被监察机关监察的公职人员和有关人员
中国共产党机关、人民代表大会及其常务委员会机关、人民政府、监察委员会、人民法院、人民检察院、中国人民政治协商会议各级委员会机关、民主党派机关和工商业联合会机关的公务员，以及参照《公务员法》管理的人员
法律、法规授权或者受国家机关依法委托管理公共事务的组织中从事公务的人员
国有企业管理人员
公办的教育、科研、文化、医疗卫生、体育等单位中从事管理的人员
基层群众性自治组织中从事管理的人员
其他依法履行公职的人员

对涉嫌职务犯罪的被调查人员提出从宽处罚的规定

涉嫌职务犯罪的被调查人主动认罪认罚，有下列情形之一的，监察机关经领导人员集体研究，并报上一级监察机关批准，可以在移送人民检察院时提出从宽处罚的建议

- 自动投案，真诚悔罪悔过的
- 积极配合调查工作，如实供述监察机关还未掌握的违法犯罪行为的
- 积极退赃，减少损失的
- 具有重大立功表现或者案件涉及国家重大利益等情形的

- 监察机关履行处理职责的六种方式
  - 监察机关根据监督、调查结果，依法作出的处置
    - 对有职务违法行为但情节较轻的公职人员，按照管理权限，直接或者委托有关机关、人员，进行谈话提醒、批评教育、责令检查，或者予以诫勉
    - 对违法的公职人员依照法定程序作出警告、记过、记大过、降级、撤职、开除等政务处分决定
    - 对不履行或者不正确履行职责负有责任的领导人员，按照管理权限对其直接作出问责决定，或者向有权作出问责决定的机关提出问责建议
    - 对涉嫌职务犯罪的，监察机关经调查认为犯罪事实清楚，证据确实、充分的，制作起诉意见书，连同案卷材料、证据一并移送人民检察院依法审查、提起公诉
    - 对监察对象所在单位廉政建设和履行职责存在的问题等提出监察建议
  - 监察机关经调查，对没有证据证明被调查人存在违法犯罪行为的，应当撤销案件，并通知被调查人所在单位

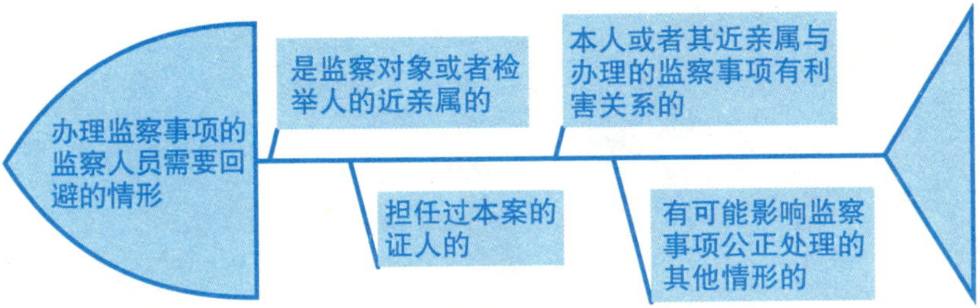
办理监察事项的监察人员需要回避的情形
是监察对象或者检举人的近亲属的
担任过本案的证人的
本人或者其近亲属与办理的监察事项有利害关系的
有可能影响监察事项公正处理的其他情形的

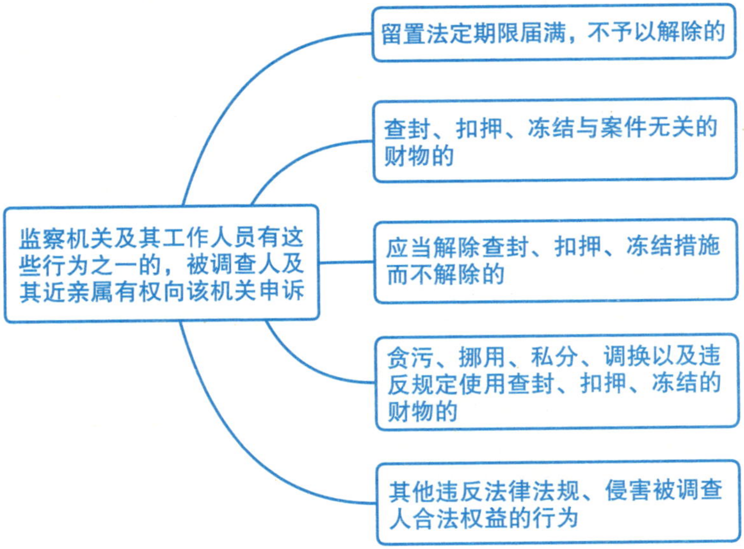
监察机关及其工作人员有这些行为之一的，被调查人及其近亲属有权向该机关申诉
留置法定期限届满，不予以解除的
查封、扣押、冻结与案件无关的财物的
应当解除查封、扣押、冻结措施而不解除的
贪污、挪用、私分、调换以及违反规定使用查封、扣押、冻结的财物的
其他违反法律法规、侵害被调查人合法权益的行为

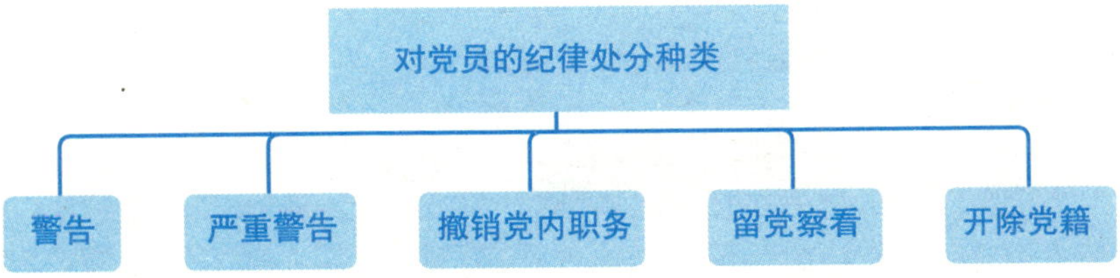
对党员的纪律处分种类
警告
严重警告
撤销党内职务
留党察看
开除党籍

- 党员犯罪，应当给予开除党籍处分的情形
  - 因故意犯罪被依法判处刑法规定的主刑（含宣告缓刑）的
  - 被单处或者附加剥夺政治权利的
  - 因过失犯罪，被依法判处三年以上（不含三年）有期徒刑的
    - 因过失犯罪被判处三年以下（含三年）有期徒刑或者被判处管制、拘役的，一般应当开除党籍。对于个别可以不开除党籍的，应当对照处分党员批准权限的规定，报请再上一级党组织批准

- 违纪行为有关责任人员的区分
  - 直接责任者
    - 是指在其职责范围内，不履行或者不正确履行自己的职责，对造成的损失或者后果起决定性作用的党员或者党员领导干部
  - 主要领导责任者
    - 是指在其职责范围内，对直接主管的工作不履行或者不正确履行职责，对造成的损失或者后果负直接领导责任的党员领导干部
  - 重要领导责任者
    - 是指在其职责范围内，对应管的工作或者参与决定的工作不履行或者不正确履行职责，对造成的损失或者后果负次要领导责任的党员领导干部

30. 监察人员办理与其近亲属有利害关系的监察事项时，应当回避吗？

◆ 案例分析

郑某系某市纪检监察工作人员，参与该市自然资源局及其人员的年度执法监察工作。在审查过程中，郑某发现一房地产公司涉嫌行贿，并得悉自己任职自然资源局副局长的姐姐可能参与其中。后郑某的姐姐被列入被监察人员范围，郑某主动向领导说明情况并提出回避申请。请问：郑某作为监察人员，办理与其近亲属有利害关系的监察事项时是否必须回避？

《监察法》第 58 条规定了监察人员的回避制度，其目的在于保证监察人员客观、公正地对待工作，以利于工作顺利进行。监察人员在办理监察事项过程中，有以下情形的，应自行回避，不得参加有关调查、讨论、决定，也不得以任何形式施加影响：第一，监察人员是案件的监察对象或者检举人的近亲属的；第二，担任过本案的证人的；第三，本人或者其近亲属与办理的监察事项有利害关系的；第四，有可能影响监察事项公正处理的其他情形的。这里的“近亲属”是指夫、妻、父、母、子、女、同胞兄弟姐妹；“有利害关系”是指可能影响案件公正处理的各种关系。本案中，郑某是执行公务的监察人员，姐姐属于郑某的“同胞兄弟姐妹”，且涉嫌行贿受贿调查，具有法律规定回避的条件，因此郑某应当回避。郑某进行回避有利于保护被监察部门和人员的合法权益，确保监察事项得到客观、公正、合法的处理，同时也有利于监察机关树立公正执法的良好形象。

◆ 法律条文

《中华人民共和国监察法》

第五十八条 办理监察事项的监察人员有下列情形之一的，应当自行回避，监察对象、检举人及其他有关人员也有权要求其回避：

（一）是监察对象或者检举人的近亲属的；

（二）担任过本案的证人的；

（三）本人或者其近亲属与办理的监察事项有利害关系的；

（四）有可能影响监察事项公正处理的其他情形的。

深度解析

回避的提出有以下四种情况：（一）监察机关发现其工作人员具备回避条件，应不安排该有关人员办理监察事项，已做出安排的，要调整。（二）办理监察事项的监察人员认为自己属于法律规定的情形之一，主动提出回避。（三）被监察的部门、人员认为承办监察事项的监察人员具备回避条件，有权提出申请，要求更换承办人。（四）检举人、控告人、申诉人以及与监察事项有利害关系的公民、法人或其他组织提出监察人员应当回避的。监察人员是否回避，最终应由监察机关负责人决定。

31. 监察人员有权查询涉案人员的存款吗?

◆ 案例分析

某市纪委监委立案调查政府工作人员高某涉嫌受贿一案，据举报人提供的信息，高某在职仅 4 年贪污数额累计就达到 200 多万元。为调查核实高某利用职权之便违反纪律收受当事人钱物的事实，确定贪污的真实数额，市纪委监委需要了解高某在银行的存款明细。因此，市纪委监委向银行提出了查询高某存款的要求，但银行以保护客户信息为由不予提供。请问：监察人员是否有权查询涉案人员的存款?

《监察法》第 23 条规定了监察机关在调查贪污、失职渎职等严重职务违法或职务犯罪时，可以根据工作需要和法律规定查询、冻结涉案单位、个人的存款等财产。但需要注意的是，监察机关采取的此项措施仅针对其管辖范围内的涉嫌贪污、失职渎职等严重职务违法或职务犯罪的单位或个人。监察机关在查询时，应当向银行或者其他金融机构出具查询存款通知书，银行或者其他金融机构应当准予查询并提供必要的协助，不得以任何理由拒绝、阻挠或者拖延。本案中高某作为政府工作人员涉嫌受贿，属于该市监察机关监察管辖范围，为审查确定受贿事实是否存在，监察机关依据法律有权对高某受贿款项进行查证，银行等金融机构对监察机关的查询应当予以配合。

◆ 法律条文

《中华人民共和国监察法》

第二十三条 监察机关调查涉嫌贪污贿赂、失职渎职等严重职务违法或者职务犯罪，根据工作需要，可以依照规定查询、冻结涉案单位和个人的存款、汇款、债券、股票、基金份额等财产。有关单位和个人应当配合。

冻结的财产经查明与案件无关的，应当在查明后三日内解除冻结，予以退还。

深度解析

监察机关采取查询和冻结措施，必须是在监察机关调查贪污、贿赂、挪用公款等违反行政纪律的行为，以及违反财经纪律的行为时。同时，监察机关在具体执行查询和冻结措施时，应当严格按照规定的程序进行。《监察法》第23条的规定体现了既注重保障监察机关监察职责的有效行使，又注重保护监察对象财产权益的法治精神。

32. 被监察机关提请协助的行政部门，应当给予协助吗？

◆ 案例分析

某市立博物馆是国家重点文物保护单位，不久前发生了一起文物失窃事件，公安部门因无线索而未予破案。市纪委监委通过对博物馆内部的监察得知，该博物馆负责人邹某有重大渎职嫌疑，但找不到邹某的踪迹。馆内有人提供信息称邹某近期可能会出国，市纪委监委遂提请公安部门提供协助，禁止邹某离境。请问：被监察机关提请协助的，行政部门是否应当给予协助？

《监察法》第 4 条规定了监察机关拥有提请协助权，同时确定了有关机关和单位的协助义务。被提请协助的有关机关和单位具体包括公安、司法、审计、税务、海关、市场监督管理、财政、工业和信息化、价格、质量监督检验检疫等行政部门以及金融监督管理等机构。监察机关在查办案件中，遇到超出监察机关职权范围的紧急、特殊情况的，只要涉及有关部门、机构职责范围内的事项，需要有关机关、单位予以协助的，应当予以协助，没有例外。

需要明确的是，此处的“协助”是由法律规定的一项义务，被提请协助的部门、机构不得拒绝履行，应当在职权范围内积极配合监察机关的工作。本案中邹某违反纪律，有渎职嫌疑，是与失窃文物案有直接关联的人员，邹某出境可能给国家利益造成重大损失。

公民出入境管理属于公安部门的职权范围，经省级监察机关审核同意并出具公函，省级公安机关可不批准邹某出境。

◆ 法律条文

《中华人民共和国监察法》

第四条 监察委员会依照法律规定独立行使监察权，不受行政机关、社会团体和个人的干涉。

监察机关办理职务违法和职务犯罪案件，应当与审判机关、检察机关、执法部门互相配合，互相制约。

监察机关在工作中需要协助的，有关机关和单位应当根据监察机关的要求依法予以协助。

深度解析

监察机关在调查、处理违纪案件过程中，遇有超出监察机关职权范围的紧急、特殊情况时，确需公安、审计、税务、海关、市场监督管理等机关予以协助的，可以提请上述行政机关予以协助。监察机关提请其他行政机关予以协助的事项，必须符合法律、法规的规定，按照有关程序办理。公安、审计、税务、海关、市场监督管理等行政机关在接到监察机关提请协助的要求后，应当予以协助、支持和配合。

33. 监察过程中发现其他犯罪的，应当如何处理？

◆ 案例分析

某市纪检监察部门接到实名举报称，该市市场监督管理局在多项食品安全执法活动中存在违纪行为。市纪检监察部门随后成立专案组，并经调查发现，该市市场监督管理局执法队队长罗某还存在故意伤害他人等违法犯罪行为。纪检监察人员认为罗某的行为已涉嫌刑事犯罪，应移交司法机关处理。请问：监察机关在办理监察事项过程中发现职务犯罪外的违法犯罪行为，应当如何处理？

《监察法》第 35 条规定："监察机关对于报案或者举报，应当接受并按照有关规定处理。对于不属于本机关管辖的，应当移送主管机关处理。"此乃监察机关案件移送制度，目的在于加强监察机关与有关主管部门在工作中的协调配合，保证及时有效地查处各种违法违纪及犯罪行为，维护法律和纪律的严肃性、统一性。根据该法第 11 条的规定，监察机关的管辖事项为：第一，对公职人员开展廉政教育，对其依法履职、秉公用权、廉洁从政从业以及道德操守情况进行监督检查；第二，对涉嫌贪污贿赂、滥用职权、玩忽职守、权力寻租、利益输送、徇私舞弊以及浪费国家资财等职务违法和职务犯罪进行调查；第三，对违法的公职人员依法作出政务处分决定；对履行职责不力、失职失责的领导人员进行问责；对涉嫌职务犯罪的，将调查结果移送人民检察院依法审查、提起公诉；向监察对象所在单位提出监察建议。除前述事项外，监察机关在履行职责的过程中发现的其他违法犯罪行为，多属于司法机关的工作侧重点。我国的司法机关是具有审判、检察、侦查、监管职能的机关，主要包括法院、检察院、公安局及国家安全机关。这些部门依法独立行使审判权、检察权、侦查权及特殊侦查权。本案中市纪检监察部门在调查质监局执法活动中，发现被监察人员罗某存在故意伤害他人行为，涉嫌刑事犯罪，已不属于监察机关职责范围内的事项，应该移送有管辖权的公安、检察部门处理。同时有权处理的机关还应及时将被监察人员依法处理的结果告知纪检监察部门。

◆ 法律条文

《中华人民共和国监察法》

第十一条 监察委员会依照本法和有关法律规定履行监督、调查、处置职责：

（一）对公职人员开展廉政教育，对其依法履职、秉公用权、廉洁从政从业以及道德操守情况进行监督检查；

（二）对涉嫌贪污贿赂、滥用职权、玩忽职守、权力寻租、利益输送、徇私舞弊以及浪费国家资财等职务违法和职务犯罪进行调查；

（三）对违法的公职人员依法作出政务处分决定；对履行职责不力、失职失责的领导人员进行问责；对涉嫌职务犯罪的，将调查结果移送人民检察院依法审查、提起公诉；向监察对象所在单位提出监察建议。

第三十五条　监察机关对于报案或者举报，应当接受并按照有关规定处理。对于不属于本机关管辖的，应当移送主管机关处理。

深度解析

监察机关在办理监察事项中，有以下几种情况时，应当移送有处理权的单位处理：一是发现所调查的事项涉及的是监察对象范围以外的单位和个人的；二是发现所调查的事项涉及的是监察对象范围以外的单位和个人违法违纪的；三是发现所调查的事项虽然涉及的是监察对象范围内的单位和个人，但根据有关法律、法规规定只需由有关单位处理而不需监察机关处理的；四是发现所调查的事项需由监察机关处理，同时需由有关单位处理的，一般以监察机关调查为主，其他机关予以协助。

34. 被监察人员伪造证据的，要承担什么法律责任？

◆ 案例分析

某县发生了一起严重的社会治安事件，该县公安局在此次危机处理中存在违纪行为。赵某系该公安局治安民警，在接受监察部门询问时称，此治安事件涉案人员夏某不存在任何违法违纪行为，并保证其证言属实。后核实赵某系作伪证。那么，被监察人员伪造证据的，要承担什么法律责任？

《监察法》第63条规定的“伪造证据”是指，被监察的部门和人员为了逃避监察机关的法律制裁，掩盖违纪事实，或者为了包庇违纪者，以假乱真的行为。证据是监察机关对违纪行为定性处理的重要依据，监察机关在调查处理违法违纪案件过程中，应当全面收集证据，这是正确定性的前提和基础。被监察的部门和人员负有提供能反映案件真实情况的证据的法定义务，不得提供虚假信息，以掩盖违纪事实，逃避法律制裁。本案中赵某在接受监察询问时作伪证包庇夏某，属于严重的违法行为，其所在单位、主管部门、上级机关或者监察机关应责令其改正，并依法从重给予政务处分。

◆ 法律条文

《中华人民共和国监察法》

第六十三条 有关人员违反本法规定，有下列行为之一的，由其所在单位、主管部门、上级机关或者监察机关责令改正，依法给予处理：

（一）不按要求提供有关材料，拒绝、阻碍调查措施实施等拒不配合监察机关调查的；

（二）提供虚假情况，掩盖事实真相的；

（三）串供或者伪造、隐匿、毁灭证据的；

（四）阻止他人揭发检举、提供证据的；

（五）其他违反本法规定的行为，情节严重的。

《中华人民共和国公职人员政务处分法》

第十三条　公职人员有下列情形之一的，应当从重给予政务处分：

（一）在政务处分期内再次故意违法，应当受到政务处分的；

（二）阻止他人检举、提供证据的；

（三）串供或者伪造、隐匿、毁灭证据的；

（四）包庇同案人员的；

（五）胁迫、唆使他人实施违法行为的；

（六）拒不上交或者退赔违法所得的；

（七）法律、法规规定的其他从重情节。

深度解析

由于违反法律规定的主体不同，因此其承担法律责任的方式也不同。但不论是被监察的部门还是被监察的人员，只要违反了监察法的规定，其所在单位、主管部门、上级机关或者监察机关都有权并且应当责令其改正，并依法给予政务处分。

35. 被监察人员就监察机关所提问题保持沉默的，会有什么后果？

◆ 案例分析

张某系某市人社局劳动保障监察大队队长，因多次在执法过程中违反行政纪律，正处于该市纪检监察部门的审理调查中。但张某态度极其蛮横，对纪检监察工作不予配合。纪检监察人员多次与之耐心谈话，仍无济于事。张某一直保持沉默，对纪检人员提出的问题不予解释和说明。请问：被监察人员就监察机关所提问题保持沉默的，会有什么后果？

从广义上讲，沉默是公民言论自由的具体表现之一，即任何人都有权决定自己说什么或不说什么，除非法律另有规定。《监察法》第 18 条第 1 款规定：“监察机关行使监督、调查职权，有权依法向有关单位和个人了解情况，收集、调取证据。有关单位和个人应当如实提供。”第 19 条也规定：“对可能发生职务违法的监察对象，监察机关按照管理权限，可以直接或者委托有关机关、人员进行谈话或者要求说明情况。”可见，被调查人员应当依法配合监察机关的工作，如实告知案件情况，不得拒绝就监察机关所提问题作出解释和说明，不得公然抗拒监察机关的检查和调查。该法第 63 条还规定，有关人员不按要求提供有关材料，拒绝、阻碍调查措施实施等拒不配合监察机关调查的，由其所在单位、主管部门、上级机关或者监察机关责令改正，依法给予处理。也就是说，监察部门提出的要求是带有强制性的，如无特殊的、本人意志以外的原因或者可以暂缓的正当理由，被监察的部门和人员必须履行说明等义务，否则就应承担相应的法律责任。本案中纪检监察人员依法对张某进行监察询问，张某应该就纪检监察人员所提出的问题作出解释和说明，及早地澄清自己的问题。否则，其所在单位、主管部门、上级机关或者监察机关将依法责令其改正，并依法给予处理，如给予警告等政务处分。

◆ 法律条文

《中华人民共和国监察法》

第十八条第一款　监察机关行使监督、调查职权，有权依法向有关单位和个人了解情况，收集、调取证据。有关单位和个人应当如实提供。

第十九条　对可能发生职务违法的监察对象，监察机关按照管理权限，可以直接或者委托有关机关、人员进行谈话或者要求说明情况。

第六十三条　有关人员违反本法规定，有下列行为之一的，由其所在单位、主管部门、上级机关或者监察机关责令改正，依法给予处理：

（一）不按要求提供有关材料，拒绝、阻碍调查措施实施等拒不配合监察机关调查的；

（二）提供虚假情况，掩盖事实真相的；

（三）串供或者伪造、隐匿、毁灭证据的；

（四）阻止他人揭发检举、提供证据的；

（五）其他违反本法规定的行为，情节严重的。

深度解析

监察机关在履行职责、办理监察事项时，遇有需由被监察的部门及人员解释和说明的与监察事项有关的问题、情况时，有权要求被监察的部门和人员作出解释和说明。被监察的部门和人员有义务对监察机关及其工作人员提出的与监察事项有关的问题和需了解的情况作出解释和说明，不得拒绝或者拖延。

第五章
公务员法律知识

- 公务员的权利和义务
  - 权利
    - 获得履行职责应当具有的工作条件
    - 非因法定事由、非经法定程序，不被免职、降职、辞退或者处分
    - 获得工资报酬，享受福利、保险待遇
    - 参加培训
    - 对机关工作和领导人员提出批评和建议
    - 提出申诉和控告
    - 申请辞职
    - 法律规定的其他权利
  - 义务
    - 忠于宪法，模范遵守、自觉维护宪法和法律，自觉接受中国共产党领导
    - 忠于国家，维护国家的安全、荣誉和利益
    - 忠于人民，全心全意为人民服务，接受人民监督
    - 忠于职守，勤勉尽责，服从和执行上级依法作出的决定和命令，按照规定的权限和程序履行职责，努力提高工作质量和效率
    - 保守国家秘密和工作秘密
    - 带头践行社会主义核心价值观，坚守法治，遵守纪律，恪守职业道德，模范遵守社会公德、家庭美德
    - 清正廉洁，公道正派
    - 法律规定的其他义务

公务员不得有的行为

- 散布有损宪法权威、中国共产党和国家声誉的言论，组织或者参加旨在反对宪法、中国共产党领导和国家的集会、游行、示威等活动
- 组织或者参加非法组织，组织或者参加罢工
- 挑拨、破坏民族关系，参加民族分裂活动或者组织、利用宗教活动破坏民族团结和社会稳定
- 不担当，不作为，玩忽职守，贻误工作
- 拒绝执行上级依法作出的决定和命令
- 对批评、申诉、控告、检举进行压制或者打击报复
- 弄虚作假，误导、欺骗领导和公众
- 贪污贿赂，利用职务之便为自己或者他人谋取私利
- 违反财经纪律，浪费国家资财
- 滥用职权，侵害公民、法人或者其他组织的合法权益
- 泄露国家秘密或者工作秘密
- 在对外交往中损害国家荣誉和利益
- 参与或者支持色情、吸毒、赌博、迷信等活动
- 违反职业道德、社会公德和家庭美德
- 违反有关规定参与禁止的网络传播行为或者网络活动
- 违反有关规定从事或者参与营利性活动，在企业或者其他营利性组织中兼任职务
- 旷工或者因公外出、请假期满无正当理由逾期不归
- 违纪违法的其他行为

公务员不得辞去公职的情形

- 未满国家规定的最低服务年限的
- 在涉及国家秘密等特殊职位任职或者离开上述职位不满国家规定的脱密期限的
- 重要公务尚未处理完毕，且须由本人继续处理的
- 正在接受审计、纪律审查、监察调查，或者涉嫌犯罪，司法程序尚未终结的
- 法律、行政法规规定的其他不得辞去公职的情形

公务员本人自愿提出申请，经任免机关批准，可以提前退休的情形

- 工作年限满三十年的
- 距国家规定的退休年龄不足五年，且工作年限满二十年的
- 符合国家规定的可以提前退休的其他情形的

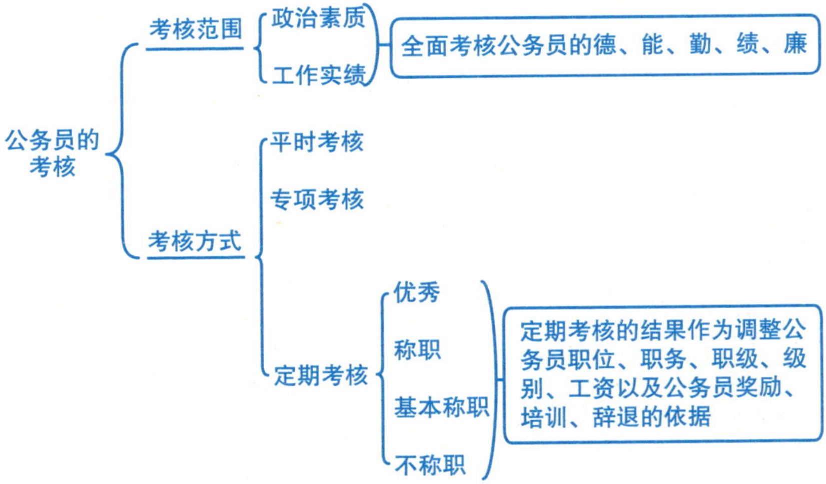
公务员的考核
考核范围
政治素质
工作实绩
全面考核公务员的德、能、勤、绩、廉
考核方式
平时考核
专项考核
定期考核
优秀
称职
基本称职
不称职
定期考核的结果作为调整公务员职位、职务、职级、级别、工资以及公务员奖励、培训、辞退的依据

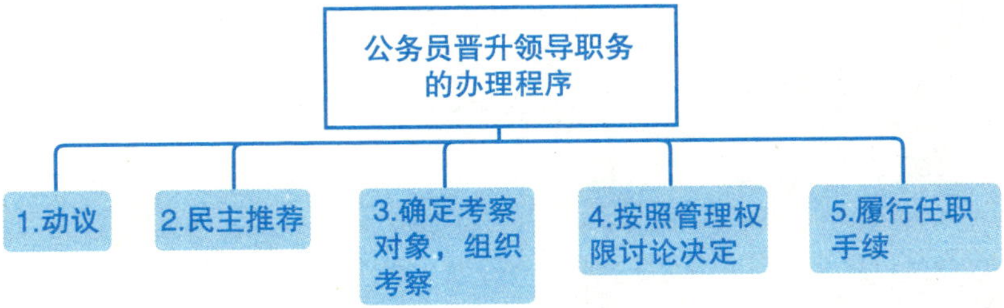
公务员晋升领导职务的办理程序
1.动议
2.民主推荐
3.确定考察对象，组织考察
4.按照管理权限讨论决定
5.履行任职手续

给予公务员或者公务员集体奖励的情形

- 忠于职守，积极工作，勇于担当，工作实绩显著的
- 遵纪守法，廉洁奉公，作风正派，办事公道，模范作用突出的
- 在工作中有发明创造或者提出合理化建议，取得显著经济效益或者社会效益的
- 为增进民族团结，维护社会稳定做出突出贡献的
- 爱护公共财产，节约国家资财有突出成绩的
- 防止或者消除事故有功，使国家和人民群众利益免受或者减少损失的
- 在抢险、救灾等特定环境中做出突出贡献的
- 同违纪违法行为作斗争有功绩的
- 在对外交往中为国家争得荣誉和利益的
- 有其他突出功绩的

对有这些情形的，由县级以上领导机关或者公务员主管部门按照管理权限，区别不同情况，分别予以责令纠正或者宣布无效；对负有责任的领导人员和直接责任人员，根据情节轻重，给予批评教育、责令检查、诫勉、组织调整、处分；构成犯罪的，依法追究刑事责任

- 违反国家规定，更改公务员工资、福利、保险待遇标准的
- 在录用、公开遴选等工作中发生泄露试题、违反考场纪律以及其他严重影响公开、公正行为的
- 不按照规定受理和处理公务员申诉、控告的
- 违反法律规定的其他情形的
- 不按照编制限额、职数或者任职资格条件进行公务员录用、调任、转任、聘任和晋升的
- 不按照规定条件进行公务员奖惩、回避和办理退休的
- 不按照规定程序进行公务员录用、调任、转任、聘任、晋升以及考核、奖惩的

36. 公务员可以越级晋升吗？

◆ 案例分析

某市公安局刑侦处副处长（副处级）江某，因多年工作表现突出，曾被授予二等功三次，三等功二次。江某在参加全国抗洪抢险等诸多战役中，荣获公安部二级英模、全国优秀共产党员等称号。鉴于其特别突出的表现，江某被提拔为该市公安局局长（正局级）。请问：江某是否可以越级晋升？

所谓的逐级晋升，是指按照职务的高低由低向高，一级一级地晋升，如由副处长晋升为处长，由处长晋升为副局长。干部晋升，一般而言要有深入群众、熟悉专业、积累经验和经受考验的过程。但是，对于特别优秀的人才，也要不拘一格，为之创造脱颖而出的条件，按照规定破格或者越一级晋升职务，这样做有利于形成有效的激励机制，鼓励公务员奋发有为，锐意进取，形成人人争先的良好局面。但这里应当指出的是，公务员破格或者越一级晋升职务，必须执行比一般晋升职务更加严格的程序，越级晋升的，或须经任免机关的上一级同意，或须经同级党委或政府的人事主管部门同意。本案中，江某因其特别优秀的表现而获得越级晋升是法律允许的情形，但是江某由副处长升为局长，逾越了两级，是不符合我国法律规定的。

◆ 法律条文

《中华人民共和国公务员法》

第四十五条 公务员晋升领导职务，应当具备拟任职务所要求的政治素质、工作能力、文化程度和任职经历等方面的条件和资格。

公务员领导职务应当逐级晋升。特别优秀的或者工作特殊需要的，可以按照规定破格或者越级晋升。

深度解析

公务员晋升职务的一项基本原则是逐级晋升，例外情况是破格或者越一级晋升职务。这里应当指出的是，公务员破格或者越一级晋升职务，必须执行比一般晋升职务更加严格的程序，越级晋升的，须经任免机关的上一级同意，或经同级党委或政府的人事主管部门同意。破格晋升一般是指对条件和资格的破格。如晋升厅级领导干部，一般需要有大学本科学历，但表现优秀的，大专学历也可以晋升。

37. 公务员晋升为领导后没经过试用期，合法吗?

◆ 案例分析

胡某是某市市场监督管理局的财务处处长，在今年单位内部竞争上岗选拔中，晋升为该局副局长。后通过任职公示，未经过一年的领导干部试用期的考核，该局就发布人事任免命令，胡某直接任副局长职务。请问：胡某任职未经过试用期是否合法?

根据《公务员法》第48条规定，公务员晋升领导职务的，实行任职试用期制度。在试用期间，公务员履行试用职务的职责，享受相应待遇。党委（党组）及组织人事部门按照干部管理权限，履行领导干部试用期间的管理和监督职责。组织人事部门要定期联系试用干部，帮助干部提高对岗位的适应能力和工作水平。试用期满后的考核，一般采取本人述职、民意测评、单位党委（党组）鉴定和组织考察相结合的办法。经考核胜任现职的，正式任职；不胜任的，免去试任职务，一般按试任前职级安排工作。本案中，胡某未经过一年试用期考核而直接任职，显然是不符合法律规定的做法，是不被允许的。当地相关部门应该积极贯彻试用期制度，以增强选人用人的准确性，防止用人失察，尽到相应的管理监督职责。

◆ 法律条文

《中华人民共和国公务员法》

第四十八条 公务员晋升领导职务的，应当按照有关规定实行任职前公示制度和任职试用期制度。

深度解析

公务员晋升领导职务的，按照有关规定实行任职试用期制度，这一做法可以进一步完善党政领导干部选拔任用制度，增强选人用人的准确性，防止用人失察，提高干部的任职能力。这里有三点需说明：一是干部在试用期间，履行试用职务的职责，享受相应待遇。二是党委（党组）及组织人事部门按照干部管理权限，履行领导干部试用期间的管理和监督职责。组织人事部门要定期联系试用干部，帮助干部提高对岗位的适应能力和工作水平。三是考核一般应当采取本人述职、民意测评、单位党委（党组）鉴定和组织考察相结合的办法。

38. 领导干部在受处分期间，可以不晋升级别只晋升职务吗?

◆ 案例分析

某县一中型水库春季决口，造成 20 人受伤、直接经济损失 200 万元的严重后果。该县分管安全生产的副县长邱某（副县级）负有主要领导责任，受到上级的处分，记大过 18 个月。但仅仅一年后，邱某就被提拔为市应急管理局局长，级别仍是副县级。请问：邱某在受处分期间是否可以不晋升级别只晋升职务？

行政处分是指国家机关、企事业单位对所属的国家工作人员尚不构成犯罪的违法失职行为，依据法律、法规所规定的权限而给予的一种惩戒。处分期间依处分种类不同而不同。处分轻，则处分期间短，处分重，则处分期间长。为了维护行政处分的严肃性，保证行政处分应有的效果，我国《公务员法》第 64 条第 1 款明确规定："公务员在受处分期间不得晋升职务、职级和级别，其中受记过、记大过、降级、撤职处分的，不得晋升工资档次。"本案中，邱某对水库安全事故负主要领导责任，被处以记大过，其处分期间为 18 个月。因此，在 18 个月的处分时间内，邱某不可以晋升职级、级别和职务，即使不晋升级别只晋升职务也是法律所禁止的。

◆ 法律条文

《中华人民共和国公务员法》

第六十四条 公务员在受处分期间不得晋升职务、职级和级别，其中受记过、记大过、降级、撤职处分的，不得晋升工资档次。

受处分的期间为：警告，六个月；记过，十二个月；记大过，十八个月；降级、撤职，二十四个月。

受撤职处分的，按照规定降低级别。

深度解析

处分的法律后果，是指受处分的公务员在受处分期间承受的法律规定的不利于自己的结果，主要是在晋升工资档次、级别、职务上所受到的影响。不同处分的法律后果也各不相同。受警告处分的，在处分期间不得晋升职务、职级和级别，但可以晋升工资档次；受记过、记大过、降级、撤职处分的，在受处分期间，不仅不得晋升职务、职级和级别，而且不得晋升工资档次；受到撤职处分的，在受处分期间还应降低一定职务层次任职，并按照规定降低其级别；受到开除处分的，自处分决定生效之日起，解除其与单位的人事关系，并不得被再次录用为公务员。

39. 领导干部可以在外面兼职吗？

◆ 案例分析

某市某民主党派主席任某是某著名学府毕业的高才生，并有高级工程师职称。因其具有专业特长及工作需要，经上级批准，在当地一家企业兼任高级技术顾问职务，且未领取任何形式的报酬。有群众举报，认为任某的行为违反公务员法的禁止性规定。请问：任某是否可以在该企业兼职？

公务员是履行公职、由国家财政负担工资福利的工作人员，理当全心全意做好本职工作，一般不应在机关外兼任其他职务。“机关外”，是指国家机关和政党等机关之外的其他组织，包括企业、事业组织等。依据我国法律规定，公务员在机关外兼职需要符合两个条件：一是得到有关机关批准。所谓“有关机关”，一般是指需要在机关外兼职的公务员的直接上级机关，如果是内设机构则指本机关。所谓“批准”，一般是指以书面或口头形式报经有关机关领导同意。二是不得领取兼职报酬。这里的“兼职报酬”可以作广义的理解，包括金钱、物质等利益。也就是说，因工作需要，公务员在机关外兼职是可以的。本案中，任某因其自身的优秀条件和工作需要，在经过其直接上级的口头或书面同意后，是可以在企业里兼职的。因此，任某的兼职行为是不违反法律的禁止性规定的。

◆ 法律条文

《中华人民共和国公务员法》

第四十四条 公务员因工作需要在机关外兼职，应当经有关机关批准，并不得领取兼职报酬。

深度解析

公务员是履行公职、由国家财政负担工资福利的工作人员，理当全心全意做好本职工作，一般不应在机关外兼任其他职务。但在现实中，因各种原因，也存在需要公务员在机关外兼职的情况。公务员在机关外兼职需要符合两个条件：第一，得到有关机关批准。有关机关一般是指需要在机关外兼职的公务员的直接上级机关，如果是内设机构则指本机关。第二，不得领取兼职报酬。包括金钱、物质等利益。

40. 公务员执行任务时，发现命令有错的，应当怎么办？

◆ 案例分析

某区公安分局刑警队队长李某奉局长命令，执行对犯罪嫌疑人厉某的逮捕令。在进行抓捕时，李某发现逮捕证上写明的厉某与实际锁定的“厉某”在身份上有出入，逮捕命令可能存在错误。此时，李某应当如何执行该项任务？

《公务员法》第60条规定的“命令错误”，涉及法律与事实、合法性与适当性等多个方面。凡是上级的决定或者命令超越权限范围、认定事实不实、解释与适用法律错误、程序违法、行政裁量权的行使不合理或者不适当等，都属于错误的范围。法律将错误分为两类，一类是明显违法，另一类是不构成明显违法的一般错误。原则规定属一般错误的，公务员可以向上级提出意见，上级不改变或者要求立即执行的，公务员应当执行该决定或者命令，执行的后果由上级负责，公务员不承担责任。例外的情况是上级的决定或者命令明显违法，公务员提出意见后，上级不改变该决定或者命令，或者要求立即执行的，公务员有权利也有义务不执行，公务员如果执行，则要承担相应的责任。本案中的关键是，李某应该在执行抓捕行动时综合考虑案情和现场情形等相关情况，准确判断该逮捕令存在错误的性质，是一般错误还是明显违法，之后立即向局长汇报，听其意见，再决定是否执行逮捕令。

◆ 法律条文

《中华人民共和国公务员法》

第六十条 公务员执行公务时，认为上级的决定或者命令有错误的，可以向上级提出改正或者撤销该决定或者命令的意见；上级不改变该决定或者命令，或者要求立即执行的，公务员应当执行该决定或者命令，执行的后果由上级负责，公务员不承担责任；但是，公务员执行明显违法的决定或者命令的，应当依法承担相应的责任。

深度解析

上述法律规定适用中的一个疑难问题是，对于上级所作的存在一般错误（不构成明显违法）的决定或命令，公务员未向上级提出改正或者撤销该决定或命令的意见而执行的，其是否需要承担一定的责任。可以区分为两种情况，一种情况是公务员没有发现上级的决定或者命令是错误的，当然就无法向上级提出意见，因而也无须承担责任；另一种情况是公务员发现上级的决定或者命令是错误的，但未向上级反映，而是径直予以执行。一般可以认为其未能做到“忠于职守，勤勉尽责”，因而应当承担一定的责任。

41. 被辞退的公务员可以享受失业保险吗?

◆ 案例分析

某市广电局一广播站站长杨某，由于连续三年拒不参加年度考核，经该市人事、组织等部门调查考核并依据相关规定，对杨某今年的绩效考核再次评为不称职，后决定将其辞退，并依照程序通知了杨某。杨某得知其被辞退的消息后，考虑到自己今后一段时间的生活无着，认为自己可以领取失业保险金。请问：杨某被辞退后可以享受失业保险吗？

辞退是将不合格的公务员清理出公务员队伍，解除国家机关与公务员的任用关系。公务员被辞退后就失去了公务员身份，不再享受公务员待遇，对公务员的利益影响比较大。辞退公务员要非常慎重，不能随便辞退。辞退公务员是国家机关的一项权利，但处理不好，也会侵害公务员的合法权益。

在建立了失业保险制度的地区，被辞退的公务员可以享受失业保险；在没有建立失业保险制度的地区，被辞退的公务员可以领取辞退费。本案中，杨某因连续三年考核不称职被辞退，是符合相关法律规定的，同时杨某是可以享受失业保险或者领取辞退费的。若杨某重新就业、应征服兵役、移居境外、被判刑或死亡，则辞退费停止发放，失业保险按国家规定执行。

◆ 法律条文

《中华人民共和国公务员法》

第九十条 辞退公务员，按照管理权限决定。辞退决定应当以书面形式通知被辞退的公务员，并应当告知辞退依据和理由。

被辞退的公务员，可以领取辞退费或者根据国家有关规定享受失业保险。

深度解析

被辞退的公务员，已参加失业保险的，根据国家有关规定享受失业保险待遇；未参加失业保险的，领取辞退费。其他社会保险按照有关规定执行。辞退费由接收人事档案的相关服务机构按月发放。原所在机关应当在人事档案转出后15个工作日内，将辞退费一次性拨付。相关服务机构发放确有困难的，由原所在机关按月发放。

42. 在公开选拔中泄露试题的领导干部，应该如何处理？

◆ 案例分析

某省人事考试中心负责人谢某，在得知自己将参加本省当年招录公务员考试命题工作后，为谋取个人私利，与他人勾结，在命题工作场所使用命题工作计算机和违法带入的电子传输设施，向多名考生发送当年考试试题及答案，造成了公务员考试试题泄密的严重后果。请问：对谢某泄露试题的行为，应该如何处理？

《宪法》规定，“公民在法律面前一律平等”。在公务员录用管理方面，应当坚持公开、公正、择优的原则，这就要求机关及其工作人员应当办事公道，不徇私情，平等对待不同身份、民族或者性别的公民。《公务员法》规定，在录用、竞争上岗和公开选拔中，采取考试的方式，其核心即在于公平、平等、竞争、择优。从某种意义上说，公务员制度之所以被认为是先进的人事制度，就在于其选拔人才的方式抛开了血缘、门第、出身等先天性因素，而将知识、能力、业绩等因素作为选拔录用的基本标准。本案中，谢某作为负责选拔考试的公务人员，利用职务上的便利，在考试的过程中违反纪律泄露试题的行为，严重影响机关的声誉，严重违背公开、公正的原则。因此，必须对谢某的泄密行为进行严惩。根据法律规定，应由考试主管部门对谢某给予处分，如记过、记大过等；若谢某的泄密行为情节特别严重，应当以故意泄露国家秘密罪追究其刑事责任。

◆ 法律条文

《中华人民共和国宪法》

第三十三条第二款 中华人民共和国公民在法律面前一律平等。

《中华人民共和国公务员法》

第一百零六条 对有下列违反本法规定情形的，由县级以上领导机关或者公务员主管部门按照管理权限，区别不同情况，分别予以责令纠正或者宣布无效；对负有责任的领导人员和直接责任人员，根据情节轻重，给予批评教育、责令检查、诫勉、组织调整、处分；构成犯罪的，依法追究刑事责任：

（一）不按照编制限额、职数或者任职资格条件进行公务员录用、调任、转任、聘任和晋升的；

（二）不按照规定条件进行公务员奖惩、回避和办理退休的；

（三）不按照规定程序进行公务员录用、调任、转任、聘任、晋升以及考核、奖惩的；

（四）违反国家规定，更改公务员工资、福利、保险待遇标准的；

（五）在录用、公开遴选等工作中发生泄露试题、违反考场纪律以及其他严重影响公开、公正行为的；

（六）不按照规定受理和处理公务员申诉、控告的；

（七）违反本法规定的其他情形的。

深度解析

在录用、竞争上岗和公开选拔公务员的过程中，采取考试的方式，其核心价值即在于公平、平等、竞争、择优。如果在考试的过程中出现泄露试题、违反考场纪律或者事先内定人选等弄虚作假、徇私舞弊的行为，就难以把好公务员队伍的入口，难以保证公务员的素质，同时也将严重影响机关的声誉，严重影响公开、公正的原则。因此，必须从制度上作出对舞弊者进行严惩的规定。

43. 领导干部退休后，可以从事与原工作直接相关的营利性活动吗？

◆ 案例分析

刘某系某市市场监督管理局原副局长，分管全市的市场监管综合执法工作。几年前刘某退休，当年即被当地经营煤矿的金先生聘为业务副矿长。今年年初，因利益纠纷，二人之间矛盾激化，金先生遂到市人社局举报刘某从事营利性活动的问题。请问：刘某退休后，可以从事与原工作直接相关的营利性活动吗？

营利性组织或营利性活动是指以营利为目的的组织或活动。我国《公务员法》第 107 条规定的“与原工作业务直接相关”通常指的是公务员在职期间掌握一定的公权力，对隶属的单位具有一定的影响。这种权力的惯性一经形成就具有相对的稳定性和渗透性，即便在公务员本人离开机关后的一段时间内仍具有不可低估的影响作用。《公务员法》第 107 条规定，原系领导成员、县处级以上领导职务的公务员在离职三年内，其从业活动受到限制。超过法律规定期限的，公务员的从业不再受到限制。公务员离职后，在规定的期限内从业，应当履行谨慎注意的义务，如拟从业的活动与原来的工作有关，并可能引致其他人合理怀疑的，可以就此向其原机关或公务员主管部门事先征询意见。因此，刘某在退休后的第一年就到相关企业任职，是违反禁止规定的。作为领导干部，刘某可以在退休后的第四年，基于自身健康等具体情形，不受限制地从事与原工作直接相关的营利性活动。

◆ 法律条文

《中华人民共和国公务员法》

第一百零七条　公务员辞去公职或者退休的，原系领导成员、县处级以上领导职务的公务员在离职三年内，其他公务员在离职两年内，不得到与原工作业务直接相关的企业或者其他营利性组织任职，不得从事与原工作业务直接相关的营利性活动。

公务员辞去公职或者退休后有违反前款规定行为的，由其原所在机关的同级公务员主管部门责令限期改正；逾期不改正的，由县级以上市场监管部门没收该人员从业期间的违法所得，责令接收单位将该人员予以清退，并根据情节轻重，对接收单位处以被处罚人员违法所得一倍以上五倍以下的罚款。

深度解析

公务员辞去公职或者退休后，在规定的期限内，不得从事与原工作业务直接相关的营利性活动。这里需要注意以下两个问题：第一，如果公务员离职后从业，但其从业并非在与原工作业务直接相关的领域内，则无论其从事的是否为营利性活动，均没有从业的限制。第二，如果公务员离职后从事学术研究活动，或者在非营利性组织中任职，从事公益活动，即使其中有经营性活动，且从事的活动与其原工作业务直接相关，也不在限制的范围之内。

44. 公务员退休后，还能享受国家给予的待遇吗？

◆ 案例分析

王某年轻时做生意，年老之后就闲在家养老，靠年轻时的积蓄和子女的帮助生活。王某的邻居是一名公务员，退休之后享受国家发放的养老金，还能享受国家发放的一些其他福利，这让王某感到很不平衡。王某发出质疑，公务员这些待遇有合法的依据吗？

公务员享受国家规定的养老金和其他福利待遇是有法律依据的。公务员在年轻时付出劳动，为人民服务，并获取报酬，退休之后享受养老金等福利待遇，是合情合理的。《公务员法》第94条规定："公务员退休后，享受国家规定的养老金和其他待遇，国家为其生活和健康提供必要的服务和帮助，鼓励发挥个人专长，参与社会发展。"由此可见，公务员退休后，还能享受国家给予的待遇。本案中，王某的邻居作为退休的公务员享受国家发放的养老金以及其他福利待遇是无可非议的。

◆ 法律条文

《中华人民共和国公务员法》

第九十四条 公务员退休后，享受国家规定的养老金和其他待遇，国家为其生活和健康提供必要的服务和帮助，鼓励发挥个人专长，参与社会发展。

深度解析

公务员的退休待遇，是指公务员退休后依法应享受的权利，主要是指经济待遇，即退休者应享受的养老金和其他生活福利补贴。养老金是公务员退休后享受的主要经济待遇，养老金实行按月发放，其最低额应能维持社会一般生活水平，最高额则不应超过现任职同职级公务员的工资。除养老金外，公务员退休后还可享受政府提供的其他福利待遇，其中一部分是其在职时所享受的，退休后继续予以保留；另一部分是国家为退休人员专门设置的，主要包括医疗、丧葬补助、供养直系亲属的抚恤费等。根据我国公务员法的规定，公务员的退休待遇属于公务员的福利权。公务员享受退休待遇所需经费，由国家财政予以保障。

45. 行政机关公务员主动交代违法违纪行为的，可以从轻处分吗？

◆ 案例分析

李某于2017年任某县教育局局长，在他的管理下，县一中的高考成绩逐年上升，得到了人们的认可。由于身在其位，平日经常有人找李某帮忙，想让自己的孩子进入县一中上学，但都被李某拒绝。李某一直觉得，不管官场风气怎样，他只想做好自己的本职工作，两袖清风一身轻。2019年7月，李某的儿子将要去国外留学，需要一大笔钱，李某夫妇虽然心疼，但还是全力支持儿子。这时正值初中毕业生择校高峰期，李某的一个远房亲戚找到他，想让自己的儿子进入县一中上学，并拿出1000元钱硬塞给李某。可能是因为经济上的压力，李某推辞了几下便没再坚持，收下了钱，暗示会帮忙。收下钱之后，李某没睡过一个好觉，几天之后决定将钱上交。李某主动将有关情况向上级领导汇报，并按程序上交了1000元人民币。那么，像李某这样主动交代违法行为的，可以从轻处分吗？

李某主动交代违法违纪行为，可以从轻或减轻处分。《公职人员政务处分法》第11条明确规定："公职人员有下列情形之一的，可以从轻或者减轻给予政务处分：（一）主动交代本人应当受到政务处分的违法行为的……"可见，行为人主动交代应当受到政务处分的违法行为的可以从轻或减轻处分。本案中，李某虽然收受了贿赂，但其主动交代了违法违纪行为，属于该法规定的“可以从轻或者减轻处分”的情形。

◆ 法律条文

《中华人民共和国公职人员政务处分法》

第十一条 公职人员有下列情形之一的，可以从轻或者减轻给予政务处分：

（一）主动交代本人应当受到政务处分的违法行为的；

（二）配合调查，如实说明本人违法事实的；

（三）检举他人违纪违法行为，经查证属实的；

（四）主动采取措施，有效避免、挽回损失或者消除不良影响的；

（五）在共同违法行为中起次要或者辅助作用的；

（六）主动上交或者退赔违法所得的；

（七）法律、法规规定的其他从轻或者减轻情节。

深度解析

国家机关工作人员的违法违纪行为，有以下几种情形时，由于其危害性相对较小，可以对违法行为从轻或减轻政务处分：（一）主动交代本人违法行为的，类似于刑法中的“自首”，属于悔过的表现，也减少了国家追查违纪的成本，因此可以从轻或减轻处分。（二）配合调查，如实说明本人违法事实的。（三）检举他人重大违法违纪行为，经查证属实的。（四）主动采取措施，有效避免或挽回损失或者消除不良影响的，是违法违纪行为的中止，此情形应注意的是“主动”和“有效”。(五)在共同违法行为中起次要或者辅助作用的。(六)主动上交或者退赔违法所得的。(七)法律、法规规定的其他从轻或者减轻情节。

46. 公务员受处分期间不可以调任吗？

◆ 案例分析

王某是某国有企业的总经理、党委书记。2020 年 1 月 1 日下午 5 时 50 分许，王某在家中接到晚上临时加班的电话通知。随后王某驾驶公车搭载儿子至儿子的朋友家中玩耍，再前往企业加班；当日晚上 9 时加班结束后，王某又驾驶公车将儿子接上，一同返回家中。后该事经区纪委调查研究决定，给予王某行政警告处分，处分期间为 6 个月。2020 年 4 月，某省一重要部门党委确定了一调任职位，王某觉得自己基本符合调任条件，因此向组织提出了调任申请，但是被驳回，理由是王某正处于受警告处分期间，不可以调任。那么，王某能否调任呢？

王某正处于受警告处分期间，不可以调任。调任，是国有企业事业单位、人民团体和群众团体中从事公务的人员调入机关担任领导职务或者副调研员以上及其他相当职务层次的非领导职务。调任必须坚持德才素质和职位要求相适应的原则，需要调任人具有良好的政治素质和业务素质，不得有与正面形象相背离的情形。因此，《公务员调任规定》第 8 条规定，受处分期间或者未满影响期限的人员，不得调任。本案中，由于王某正处于接受警告处分的期间，所以不可以调任，他的请求被驳回是合法的正确处理。

◆ 法律条文

《公务员调任规定》

第八条 有下列情形之一的人员，不得调任：

（一）因犯罪受过刑事处罚的；

（二）被开除中国共产党党籍的；

（三）被开除公职的；

（四）被依法列为失信联合惩戒对象的；

（五）涉嫌违纪违法正在接受有关专门机关审查尚未作出结论的；

（六）受处分期间或者未满影响期限的；

（七）正在接受审计机关审计的；

（八）法律、法规规定的其他情形。

深度解析

调任是一种拓宽选人渠道、优化公务员队伍结构的制度，有利于公务员与公务员队伍以外的其他从事公务的人员的交流。它要求调任人不仅要工作能力强、勤奋敬业、实绩突出，还要具有岗位相匹配的德才素质，有一定的资格要求，需要从严掌握。具有曾因犯罪受过刑事处罚的、曾被开除公职的、受处分期间或者未满影响期限的等情形的人，在德才上有所欠缺，可能难保调任质量，难达调任目的，所以法律对有这些情形的人员的调任予以了禁止性限制。

第六章
国家赔偿法律知识

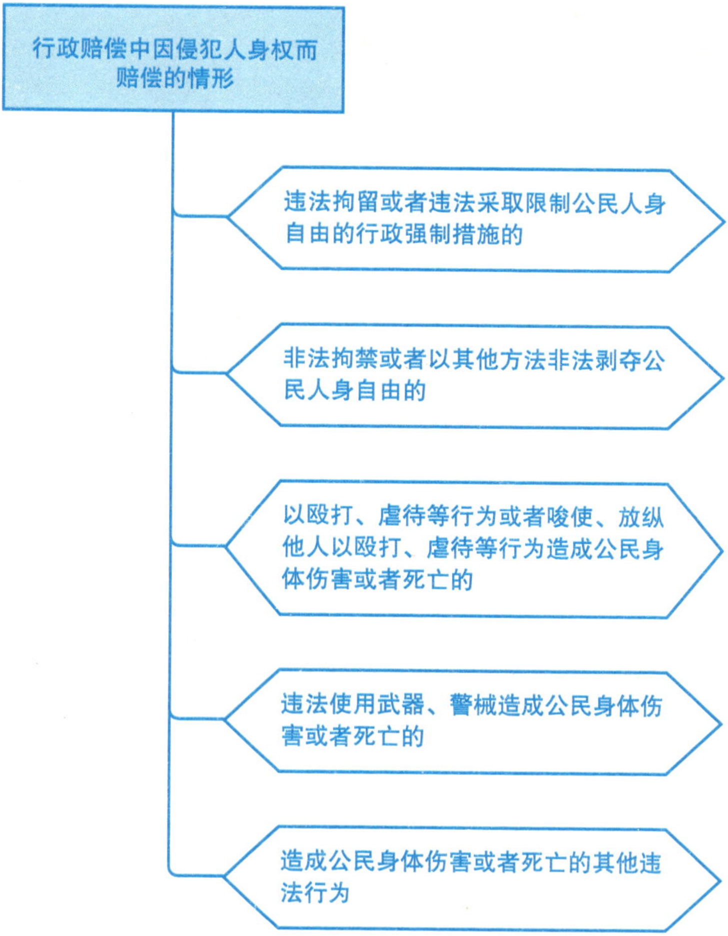
行政赔偿中因侵犯人身权而赔偿的情形
违法拘留或者违法采取限制公民人身自由的行政强制措施的
非法拘禁或者以其他方法非法剥夺公民人身自由的
以殴打、虐待等行为或者唆使、放纵他人以殴打、虐待等行为造成公民身体伤害或者死亡的
违法使用武器、警械造成公民身体伤害或者死亡的
造成公民身体伤害或者死亡的其他违法行为

行政赔偿中因侵犯财产权而赔偿的情形

- 违法实施罚款、吊销许可证和执照、责令停产停业、没收财物等行政处罚的
- 违法对财产采取查封、扣押、冻结等行政强制措施的
- 违法征收、征用财产的
- 造成财产损害的其他违法行为

国家不承担赔偿责任的情形

- 行政机关工作人员与行使职权无关的个人行为
- 因公民、法人和其他组织自己的行为致使损害发生的
- 法律规定的其他情形

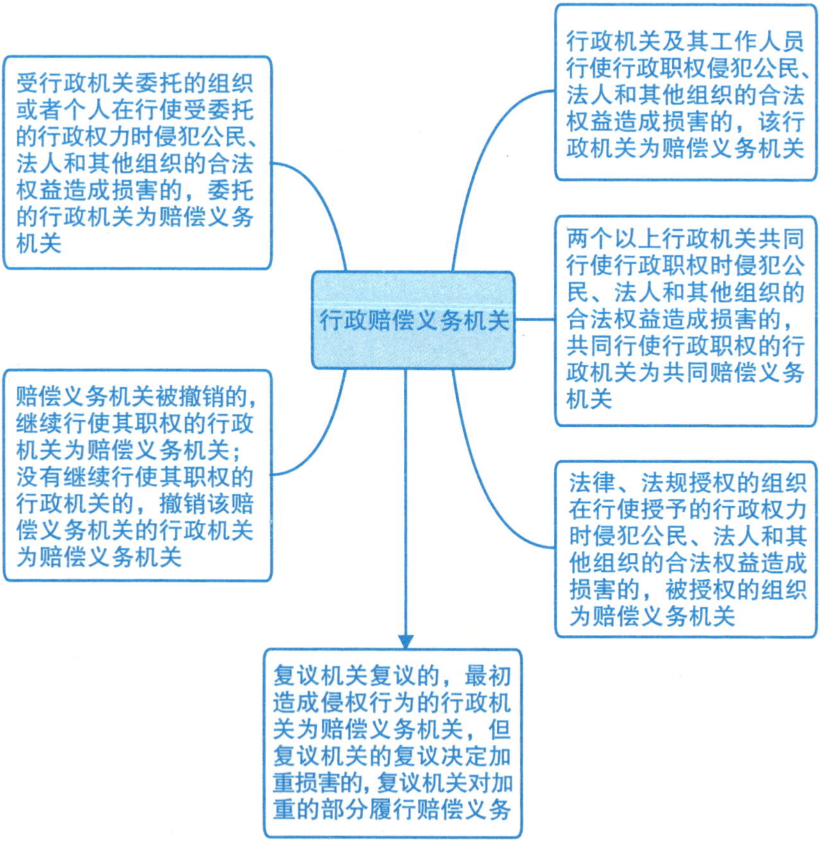
行政赔偿义务机关
行政机关及其工作人员行使行政职权侵犯公民、法人和其他组织的合法权益造成损害的，该行政机关为赔偿义务机关
两个以上行政机关共同行使行政职权时侵犯公民、法人和其他组织的合法权益造成损害的，共同行使行政职权的行政机关为共同赔偿义务机关
法律、法规授权的组织在行使授予的行政权力时侵犯公民、法人和其他组织的合法权益造成损害的，被授权的组织为赔偿义务机关
受行政机关委托的组织或者个人在行使受委托的行政权力时侵犯公民、法人和其他组织的合法权益造成损害的，委托的行政机关为赔偿义务机关
赔偿义务机关被撤销的，继续行使其职权的行政机关为赔偿义务机关；没有继续行使其职权的行政机关的，撤销该赔偿义务机关的行政机关为赔偿义务机关
复议机关复议的，最初造成侵权行为的行政机关为赔偿义务机关，但复议机关的复议决定加重损害的，复议机关对加重的部分履行赔偿义务

侵犯公民生命健康权的赔偿金

- 造成身体伤害的，应当支付医疗费、护理费，以及赔偿因误工减少的收入。减少的收入每日的赔偿金按照国家上年度职工日平均工资计算，最高额为国家上年度职工年平均工资的五倍
- 造成部分或者全部丧失劳动能力的，应当支付医疗费、护理费、残疾生活辅助具费、康复费等因残疾而增加的必要支出和继续治疗所必需的费用，以及残疾赔偿金。残疾赔偿金根据丧失劳动能力的程度，按照国家规定的伤残等级确定，最高不超过国家上年度职工年平均工资的二十倍。造成全部丧失劳动能力的，对其扶养的无劳动能力的人，还应当支付生活费
- 造成死亡的，应当支付死亡赔偿金、丧葬费，总额为国家上年度职工年平均工资的二十倍。对死者生前扶养的无劳动能力的人，还应当支付生活费

此两项规定的生活费的发放标准，参照当地最低生活保障标准执行。被扶养的人是未成年人的，生活费给付至十八周岁止；其他无劳动能力的人，生活费给付至死亡时止

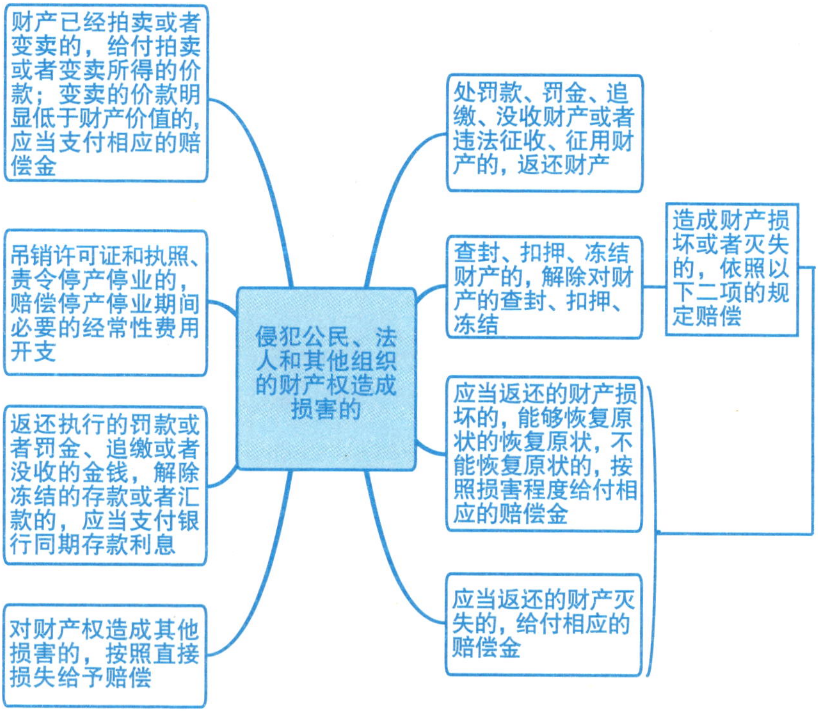

侵犯公民、法人和其他组织的财产权造成损害的
财产已经拍卖或者变卖的，给付拍卖或者变卖所得的价款；变卖的价款明显低于财产价值的，应当支付相应的赔偿金
吊销许可证和执照、责令停产停业的，赔偿停产停业期间必要的经常性费用开支
返还执行的罚款或者罚金、追缴或者没收的金钱，解除冻结的存款或者汇款的，应当支付银行同期存款利息
对财产权造成其他损害的，按照直接损失给予赔偿
处罚款、罚金、追缴、没收财产或者违法征收、征用财产的，返还财产
查封、扣押、冻结财产的，解除对财产的查封、扣押、冻结
应当返还的财产损坏的，能够恢复原状的恢复原状，不能恢复原状的，按照损害程度给付相应的赔偿金
应当返还的财产灭失的，给付相应的赔偿金
造成财产损坏或者灭失的，依照以下二项的规定赔偿

47. 当事人受到行政机关殴打、虐待造成损害的，是否可以申请行政赔偿？

◆ 案例分析

高某大学毕业后与同学王某合租了一套房子。一日，高某下班后回到住处，发现房屋内一片狼藉，自己的笔记本电脑连同其他财物一并不见了。高某当即向公安机关报案，经过侦查发现，房屋门锁并没有被撬动过的痕迹，警方怀疑是熟人作案。公安机关依法传讯了与高某合租的室友王某，王某称自己学习美术，案发当天自己独自一人前往乡下进行采风。办案民警认为王某不能提供证人或者其他证据证明自己当天的活动，其所称独自去乡下采风是在撒谎，本案毫无疑问是王某做的。为了逼迫王某交代自己的犯罪过程，办案民警对王某进行了刑讯逼供，王某抵受不过，便被迫承认是自己实施了盗窃。派出所副所长张某在对卷宗进行审核时发现，王某的口供存在诸多矛盾之处，十分不合理。于是便亲自对王某进行了讯问，才发现王某是屈打成招的。副所长张某对王某进行了道歉，并且处分了进行刑讯的办案民警。后来经过重新侦查，公安机关最终抓获了犯罪嫌疑人，也证实了王某是清白的。王某觉得自己无故受到拘留并且遭到刑讯逼供，身体和内心都受到了极大的伤害，想要公安机关给予自己一定的经济赔偿。请问：当事人受到行政机关殴打、虐待造成损害的，是否可以申请行政赔偿？

行政机关对于当事人进行殴打、虐待造成损害的，受害人有取得赔偿的权利。《国家赔偿法》第3条规定："行政机关及其工作人员在行使行政职权时有下列侵犯人身权情形之一的，受害人有取得赔偿的权利：（一）违法拘留或者违法采取限制公民人身自由的行政强制措施的；（二）非法拘禁或者以其他方法非法剥夺公民人身自由的；（三）以殴打、虐待等行为或者唆使、放纵他人以殴打、虐待等行为造成公民身体伤害或者死亡的；（四）违法使用武器、警械造成公民身体伤害或者死亡的；（五）造成公民身体伤害或者死亡的其他违法行为。"本案中，王某在被审讯的过程中遭到了办案民警的殴打与虐待，虽然事后派出所副所长张某对王某进行了道歉，并且处分了相关人员，但是王某的人身权利已经受到了实际的伤害，依照法律的规定，王某可以向公安机关提起国家赔偿，要求弥补自己所受到的伤害。

◆ 法律条文

《中华人民共和国国家赔偿法》

第三条 行政机关及其工作人员在行使行政职权时有下列侵犯人身权情形之一的，受害人有取得赔偿的权利：

（一）违法拘留或者违法采取限制公民人身自由的行政强制措施的；

（二）非法拘禁或者以其他方法非法剥夺公民人身自由的；

（三）以殴打、虐待等行为或者唆使、放纵他人以殴打、虐待等行为造成公民身体伤害或者死亡的；

（四）违法使用武器、警械造成公民身体伤害或者死亡的；

（五）造成公民身体伤害或者死亡的其他违法行为。

深度解析

法律明确保护公民的人身权与财产权，如果因为行政机关的不当行为致使公民的人身或者财产受到损害，那么行政机关则应为自己的过错承担责任，对受害人的损失进行赔偿。国家明确规定了行政赔偿的范围，其目的在于明确行政赔偿的界限，便于受害人依据法律保护自己，获得相应的国家赔偿，同时也能够有效督促行政机关依法行政。

48. 因当事人的行为致使损害发生的，国家是否承担赔偿责任？

◆ 案例分析

刘某经营着一家大型的肉食加工厂，为了降低生产成本，刘某听从别人的建议，去乡下以低价收购了一批病死牛，冒充优质牛肉进行产品的生产加工和销售。卫生检疫部门在对刘某工厂出产的产品进行质量检疫时发现，这些产品在卫生质量上存在严重问题，执法人员当即决定对刘某工厂的所有货物进行现场查封，防止更多的问题牛肉流向市场。刘某见执法人员要查封自己的货物，情绪十分激动，去自己的车上拿了一桶汽油，在现场进行泼洒，扬言如果卫生检疫人员查扣自己的货物，大家就同归于尽。执法人员尽最大努力劝刘某不要激动，但是刘某在慌乱之中不慎引燃了汽油，造成自己的工厂厂房被烧毁，损失达 40 万余元。刘某认为如果不是卫生检疫部门要查封自己的货物，自己也不会不慎烧毁工厂，所以卫生检疫部门应当对损失进行赔偿。请问：因当事人自己的行为致使损害发生的，国家是否承担赔偿责任？

法律对于国家赔偿的免责情形作出了明确的规定，依据《国家赔偿法》第 5 条的规定：“属于下列情形之一的，国家不承担赔偿责任：（一）行政机关工作人员与行使职权无关的个人行为；（二）因公民、法人和其他组织自己的行为致使损害发生的；（三）法律规定的其他情形。”在本案中，刘某抗拒执法人员的执法，由于自己的不当行为导致火灾的发生，造成了工厂的损毁，刘某应当对事件的发生承担全部责任，国家不应当承担赔偿责任。

◆ 法律条文

《中华人民共和国国家赔偿法》

第五条　属于下列情形之一的，国家不承担赔偿责任：

（一）行政机关工作人员与行使职权无关的个人行为；

（二）因公民、法人和其他组织自己的行为致使损害发生的；

（三）法律规定的其他情形。

深度解析

对于赔偿免责的情形，国家法律专门作出了相关规定。《国家赔偿法》规定的赔偿主要是针对行政机关及其工作人员的不当行政行为对当事人造成损害的，要求该过错行为首先必须是行政行为而非个人行为；其次过错的责任方必须是行政机关。如果是因为行政人员的私下民事行为致使损害的，或者过错在于公民、法人或者其他组织的，那么行政机关可以免责。

49. 因复议机关的复议决定造成损害加重的，复议机关是否承担赔偿责任？

◆ 案例分析

某县市场监督管理部门在对李某经营的建材商铺进行检查时，认为李某自行研发调制的一批墙面涂料可能存在质量问题，如果使用会对人的身体健康造成极大危害。李某解释称自己研发调制的这种墙面涂料用的都是环保材料，在研发过程中经过了反复论证，并且在生产过程中能够严把质量关，自己绝对能保证这批涂料是无害的。市场监督管理部门的执法人员并未相信李某的辩解，而是凭借着多年的工作经验，坚持认为李某自行研发的涂料不符合国家标准，存在安全隐患。执法人员当即决定对李某的这批货物进行查封。李某对县市场监督管理部门查封的行政决定不服，于是向市市场监督管理部门申请行政复议。市市场监督管理部门在经过相关审核后，认为县市场监督管理部门的行政行为是正当的，拒绝了李某停止查封行为的申请。无奈之下，李某向人民法院提起了行政诉讼，并且申请对该批涂料进行抽样鉴定。人民法院委托专业的鉴定机构对该批货物进行鉴定，鉴定机构给出的鉴定意见书明确指出该批涂料是符合环保标准的，并不存在任何的安全隐患。人民法院据此作出判决，责令某县市场监督管理局停止查封行为，将有关货物交还给李某。李某拿到货物后，发现货物都已受潮，不能再使用了。李某认为由于县市场监督管理部门的错误查封行为导致自己的货物受潮，同时复议机关的错误的复议决定致使自己失去了最后一次采取保护措施的机会，因此想要县市场监督管理部门以及复议机关市市场监督管理部门共同赔偿自己的损失。请问：因复议机关的复议决定造成损害加重的，复议机关是否承担赔偿责任？

复议机关的复议虽然是对于具体行政行为是否合理正当的一种评价，但是复议决定也是行政机关作出行政行为的一种表现形式，如果因为复议机关的复议致使受害人损失加重的，那么复议机关理应为自己的行政复议行为与复议决定承担相应的赔偿责任。依据《国家赔偿法》第 8 条的规定："经复议机关复议的，最初造成侵权行为的行政机关为赔偿义务机关，但复议机关的复议决定加重损害的，复议机关对加重的部分履行赔偿义务。"某县市场监督管理部门因为其错误的查封行为造成了侵权结果，那么其理应作为赔偿义务机关，承担对李某损失的赔偿。但是假如复议机关某市市场监督管理部门能够通过复议及时制止不当的行政行为，那么李某的损失便能够得到控制。在本案中，某市市场监督管理部门作出了错误的复议决定，未能及时地制止某县市场监督管理部门所作出的查封的具体行政行为，致使李某未能及时采取相关的保护措施，导致损失的加重，那么行政复议机关就应当为自己错误的复议决定承担责任，赔偿李某加大损失的部分。

◆ 法律条文

《中华人民共和国国家赔偿法》

第八条 经复议机关复议的，最初造成侵权行为的行政机关为赔偿义务机关，但复议机关的复议决定加重损害的，复议机关对加重的部分履行赔偿义务。

深度解析

复议机关作为作出具体行政行为的行政机关的上一级机关，在复议过程中对于存在争议的具体行政行为负有监督审核的义务。但是如果由于复议机关没有尽到合理的监察义务，致使当事人的损害加重，那么复议机关理应承担相应的赔偿责任。法律作出如此规定，有利于当事人索取赔偿及复议机关对下级行政机关的执法进行监督，对复议机关依法行使职权也能起到促进作用。

50. 在行政赔偿案件中，国家对于举证责任的分配是如何规定的？

◆ 案例分析

公安机关怀疑朱某涉入了一起金融诈骗案件，便依法申请对朱某进行 7 天拘留。在拘留期间，朱某突发脑出血，办案人员紧急对朱某采取了抢救措施，并且迅速将朱某送往医院进行医治。经过医院抢救，朱某最终脱离生命危险，但是由于颅内有积血压迫神经，导致朱某重度偏瘫，丧失了劳动能力。朱某的家属认为公安机关在拘留过程中可能存在刑讯逼供的违法行为才导致朱某突发脑出血，于是向公安机关要求国家赔偿。公安机关向朱某家属解释称公安机关严格按照法定程序办案，同时提供了相应的监控录像供朱某家属进行查证。此外，在朱某出现不适时公安机关便第一时间将朱某送往医院救治，朱某是由于自身疾病才导致重度偏瘫的，其丧失劳动能力与办案机关的拘留行为不存在因果关系，因此不应当由公安机关承担行政赔偿责任。朱某家属认为公安机关是在为自己开脱责任，一怒之下将负责此案的公安机关告上法庭，要求公安机关对相关损失进行赔偿。法院要求当事人双方提交相应的证据用于庭前证据交换。请问：在行政赔偿案件中，国家对于举证责任的分配是如何规定的？

对于行政赔偿案件，大体上是按照“谁提出，谁举证”的原则进行举证责任分配的，但是法律鉴于当事人与行政机关之间的地位不对等性专门作出了相关规定。《国家赔偿法》第 15 条规定：“人民法院审理行政赔偿案件，赔偿请求人和赔偿义务机关对自己提出的主张，应当提供证据。赔偿义务机关采取行政拘留或者限制人身自由的强制措施期间，被限制人身自由的人死亡或者丧失行为能力的，赔偿义务机关的行为与被限制人身自由的人的死亡或者丧失行为能力是否存在因果关系，赔偿义务机关应当提供证据。”由于当事人朱某是在被采取强制措施期间突发疾病导致劳动能力丧失的，那么依照法律规定，公安机关应当证明拘留措施与朱某的突发疾病及劳动能力丧失不存在因果关系。在本案中，公安机关有足够的证据表明自己严格按照法定程序进行办案，朱某突发疾病是由于自身身体原因所致，同时公安机关充分尽到了救护义务，因此不应当承担赔偿责任。

◆ 法律条文

《中华人民共和国国家赔偿法》

第十五条　人民法院审理行政赔偿案件，赔偿请求人和赔偿义务机关对自己提出的主张，应当提供证据。

赔偿义务机关采取行政拘留或者限制人身自由的强制措施期间，被限制人身自由的人死亡或者丧失行为能力的，赔偿义务机关的行为与被限制人身自由的人的死亡或者丧失行为能力是否存在因果关系，赔偿义务机关应当提供证据。

深度解析

行政赔偿案件是当事人与行政机关之间针对国家赔偿的确定产生的诉讼纠纷。关于举证责任的分配原则是“谁提出，谁举证”，但是考虑到当事人处于较为弱势的地位，同时在现实中对于一些证据收集确实存在困难，所以法律规定，被限制人身自由的人在被非法拘留或者限制自由期间丧失劳动能力或者死亡的，由行政机关证明其行为与结果之间是否存在因果联系。如果不能证明，那么行政机关将依法承担赔偿责任。通过法律规定举证责任倒置，能够有效地对当事人进行保护，也有利于监督行政机关的工作人员，防止一些恶意违法行为给当事人造成严重损害，尽最大可能保障当事人的生命健康权利等。

51. 赔偿义务机关是否可以向在处理案件中有贪污受贿行为的行政机关工作人员行使行政赔偿追偿权？

◆ 案例分析

关某与马某分别经营某县的两家大型乳制品生产工厂，近期关某的工厂推出了一款新产品，受到市场的广泛好评，销售额大幅增长。马某看到此情况十分嫉妒，于是便向县食品卫生检疫部门工作人员武某私下行贿 5 万元，请求其帮自己“消除”关某这个竞争对手。马某还承诺，事成之后将自己工厂 5% 的股份赠送给武某。武某在巨大的利益面前，没能抵制住诱惑，满口答应。几天后，武某带领食品卫生检疫工作人员突击检查了关某的工厂，简单做了检查后，便认定关某工厂产品质量存在严重问题，对关某的工厂和产品进行了查封，并对关某处以 20 万元的罚款。关某再三向执法人员进行解释，并且出具了相关机构的鉴定报告书，证明自己的产品并不存在任何问题，但是武某对于关某的解释置之不理。无奈之下，关某向市卫生食品检疫机关提出了行政复议申请，复议机关经过仔细审核，发现该县食品卫生检疫部门作出的决定是错误的，便责令该县食品卫生检疫部门即刻改正，立刻撤销对关某工厂和产品的查封。由于乳制品的保质期较短，在解除查封后，关某发现自己的产品大部分已经腐烂变质，并且经过这一事件，自己工厂和产品的信誉大受影响。于是关某便向某县食品卫生检疫部门提出了国家赔偿的申请，县食品卫生检疫部门负责此事的领导在了解相关情况后，进行了详细调查取证，最终发现了武某的违法乱纪行为。经过研究决定，该县食品卫生检疫部门对于此事给关某造成的损害进行道歉，并且积极赔偿关某的各项损失。在赔偿完毕之后，有关工作人员表示是武某的违法行为导致了这一情况的发生，县食品卫生检疫部门不能代替武某承担责任，应当向武某进行追偿。请问：赔偿义务机关是否可以向在处理案件中有贪污受贿行为的行政机关工作人员行使行政赔偿追偿权？

如果行政机关工作人员在执行公务时存在违反法律规定的情形的，该工作人员应当对自己的行为承担责任，赔偿义务机关在完成行政赔偿后，有权向该工作人员进行追偿。依据《国家赔偿法》第31条的规定："赔偿义务机关赔偿后，应当向有下列情形之一的工作人员追偿部分或者全部赔偿费用：（一）有本法第十七条第四项、第五项规定情形的；（二）在处理案件中有贪污受贿，徇私舞弊，枉法裁判行为的。对有前款规定情形的责任人员，有关机关应当依法给予处分；构成犯罪的，应当依法追究刑事责任。"在本案中，马某为打击竞争对手，私下向国家机关工作人员武某行贿。而武某在金钱的诱惑下丧失道德与制度底线，利用其手中的权力对关某作出枉法裁判的行为，致使关某遭受了重大损失。某县食品卫生检疫部门在发现错误后，积极对关某进行了赔偿。根据法律规定，武某在处理案件过程中存在受贿行为，赔偿义务机关，即县食品卫生检疫部门在赔偿完毕后可以对武某行使追偿的权利，要求武某承担赔偿费用。

◆ 法律条文

《中华人民共和国国家赔偿法》

第三十一条 赔偿义务机关赔偿后，应当向有下列情形之一的工作人员追偿部分或者全部赔偿费用：

（一）有本法第十七条第四项、第五项规定情形的；

（二）在处理案件中有贪污受贿，徇私舞弊，枉法裁判行为的。

对有前款规定情形的责任人员，有关机关应当依法给予处分；构成犯罪的，应当依法追究刑事责任。

深度解析

在行政赔偿中，国家作为赔偿主体，对因为行政机关及其工作人员的不当行为而受到损害的当事人进行相关损害的赔付。但是，行政机关工作人员在作出行政行为的过程中存在违反法律规定的情形的，赔偿义务机关有权向其行使追偿权。其主要原因在于，一方面这部分行政机关工作人员存在严重违反刑事或者行政法律规定的行为，存在严重伤害他人或者贪腐的行为，他们必须对自己的严重违法行为承担责任；另一方面也有利于监督行政机关工作人员依法行政。

52. 非法拘禁造成精神伤害的，当事人是否可以申请精神损害赔偿金？

◆ 案例分析

邵某因为盗窃罪被人民法院判处有期徒刑，刑满释放后在某小区担任保安工作。近期该小区内发生了几起电动车被盗案件，分管此事的警察钱某了解到邵某有盗窃前科，便怀疑这几起案件是邵某所作，在未申请任何强制措施手续的情况下，非法将邵某从工作单位带走进行拘禁，要求邵某承认盗窃行为。邵某拒不承认，表示自己虽然有盗窃前科，但是已经痛改前非，并没有任何违法行为。邵某的家属在得知邵某被公安机关带走后到公安机关了解情况，负责接待的人员在审查了相关材料后发现办案警察钱某并没有依法申请对邵某的强制措施，而是私自将邵某进行非法拘禁，于是立即将这一情况反映给主管领导。主管领导在查证这一情况后，要求钱某立刻释放邵某，并且给予了钱某相应的处分。邵某回到工作单位后，发现周围的同事对自己议论纷纷，都怀疑邵某重操旧业，工作单位也以缺少诚实信用为由解雇了邵某。邵某感到生活一片黑暗，认为如果办案机关能查证事实，就不会发生非法拘禁的行为，自己的精神与生活、工作也就不会遭受这么大的损害。所以，邵某向公安提出赔偿要求，要求公安机关向社会澄清问题，恢复自己的名誉，同时进行相应的精神损害赔偿。请问：非法拘禁造成精神伤害的，当事人是否可以申请精神损害赔偿金？

只有在符合法律规定的情形下，当事人才能向行政机关申请进行精神损害赔偿。依据《国家赔偿法》第35条规定："有本法第三条或者第十七条规定情形之一，致人精神损害的，应当在侵权行为影响的范围内，为受害人消除影响，恢复名誉，赔礼道歉；造成严重后果的，应当支付相应的精神损害抚慰金。"同时该法第3条规定："行政机关及其工作人员在行使行政职权时有下列侵犯人身权情形之一的，受害人有取得赔偿的权利：（一）违法拘留或者违法采取限制公民人身自由的行政强制措施的；（二）非法拘禁或者以其他方法非法剥夺公民人身自由的；（三）以殴打、虐待等行为或者唆使、放纵他人以殴打、虐待等行为造成公民身体伤害或者死亡的；（四）违法使用武器、警械造成公民身体伤害或者死亡的；（五）造成公民身体伤害或者死亡的其他违法行为。"第17条规定："行使侦查、检察、审判职权的机关以及看守所、监狱管理机关及其工作人员在行使职权时有下列侵犯人身权情形之一的，受害人有取得赔偿的权利：（一）违反刑事诉讼法的规定对公民采取拘留措施的，或者依照刑事诉讼法规定的条件和程序对公民采取拘留措施，但是拘留时间超过刑事诉讼法规定的时限，其后决定撤销案件、不起诉或者判决宣告无罪终止追究刑事责任的；（二）对公民采取逮捕措施后，决定撤销案件、不起诉或者判决宣告无罪终止追究刑事责任的；（三）依照审判监督程序再审改判无罪，原判刑罚已经执行的；（四）刑讯逼供或者以殴打、虐待等行为或者唆使、放纵他人以殴打、虐待等行为造成公民身体伤害或者死亡的；

（五）违法使用武器、警械造成公民身体伤害或者死亡的。”

在本案中，由于办案机关工作人员对邵某进行了非法拘禁，致使邵某的精神遭受到了严重损害。此事导致周围人对邵某评价的降低，邵某的名誉权遭受到了损害。依照法律规定，邵某有权提起精神损害赔偿的申请，可以要求作出行政行为的行政机关消除影响，恢复名誉，并且对其所受的损害支付相应的精神损害赔偿金。

◆ 法律条文

《中华人民共和国国家赔偿法》

第三条　行政机关及其工作人员在行使行政职权时有下列侵犯人身权情形之一的，受害人有取得赔偿的权利：

（一）违法拘留或者违法采取限制公民人身自由的行政强制措施的；

（二）非法拘禁或者以其他方法非法剥夺公民人身自由的；

（三）以殴打、虐待等行为或者唆使、放纵他人以殴打、虐待等行为造成公民身体伤害或者死亡的；

（四）违法使用武器、警械造成公民身体伤害或者死亡的；

（五）造成公民身体伤害或者死亡的其他违法行为。

第十七条　行使侦查、检察、审判职权的机关以及看守所、监狱管理机关及其工作人员在行使职权时有下列侵犯人身权情形之一的，受害人有取得赔偿的权利：

（一）违反刑事诉讼法的规定对公民采取拘留措施的，或者依照刑事诉讼法规定的条件和程序对公民采取拘留措施，但是拘留时间超过刑事诉讼法规定的时限，其后决定撤销案件、不起诉或者判决宣告无罪终止追究刑事责任的；

（二）对公民采取逮捕措施后，决定撤销案件、不起诉或者判决宣告无罪终止追究刑事责任的；

（三）依照审判监督程序再审改判无罪，原判刑罚已经执行的；

（四）刑讯逼供或者以殴打、虐待等行为或者唆使、放纵他人以殴打、虐待等行为造成公民身体伤害或者死亡的；

（五）违法使用武器、警械造成公民身体伤害或者死亡的。

第三十五条 有本法第三条或者第十七条规定情形之一，致人精神损害的，应当在侵权行为影响的范围内，为受害人消除影响，恢复名誉，赔礼道歉；造成严重后果的，应当支付相应的精神损害抚慰金。

深度解析

对于侵犯公民名誉权、荣誉权的行为，行政机关应当依法为受害人消除影响，恢复名誉。造成严重后果的，受害人有权请求精神损害赔偿。公民相较于国家行政机关处于弱势的地位，行政机关的不当行为有可能会对公民的精神造成极大伤害，对公民的名誉或者荣誉产生重大影响，致使周边群众因为不了解真实情况而降低对当事人的评价，严重影响当事人的工作与生活。法律不但维护公民的生命健康权，而且维护公民的精神权利，以保障公民正常、健康地生活。

第七章
刑事法律知识

- 刑罚
  - 主刑
    - 管制
    - 拘役
    - 有期徒刑
    - 无期徒刑
    - 死刑
  - 附加刑（可独立适用）
    - 罚金
    - 剥夺政治权利
      - 选举权和被选举权
      - 言论、出版、集会、结社、游行、示威自由的权利
      - 担任国家机关职务的权利
      - 担任国有公司、企业、事业单位和人民团体领导职务的权利
    - 没收财产

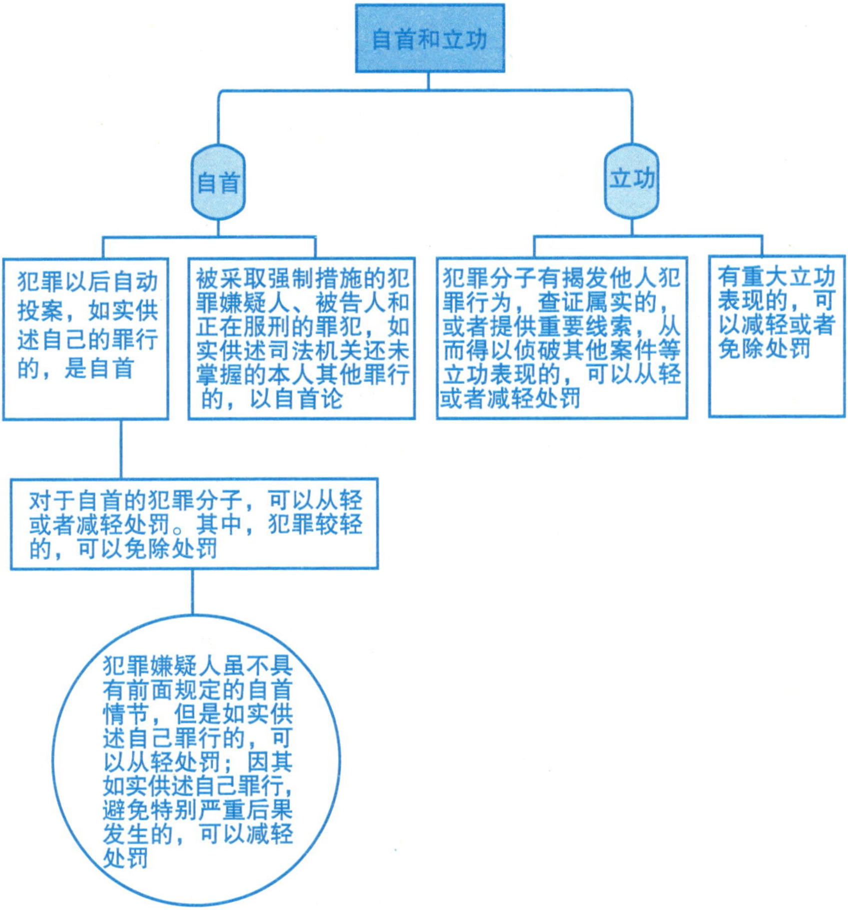
自首和立功
自首
立功
犯罪以后自动投案，如实供述自己的罪行的，是自首
被采取强制措施的犯罪嫌疑人、被告人和正在服刑的罪犯，如实供述司法机关还未掌握的本人其他罪行的，以自首论
犯罪分子有揭发他人犯罪行为，查证属实的，或者提供重要线索，从而得以侦破其他案件等立功表现的，可以从轻或者减轻处罚
有重大立功表现的，可以减轻或者免除处罚
对于自首的犯罪分子，可以从轻或者减轻处罚。其中，犯罪较轻的，可以免除处罚
犯罪嫌疑人虽不具有前面规定的自首情节，但是如实供述自己罪行的，可以从轻处罚；因其如实供述自己罪行，避免特别严重后果发生的，可以减轻处罚

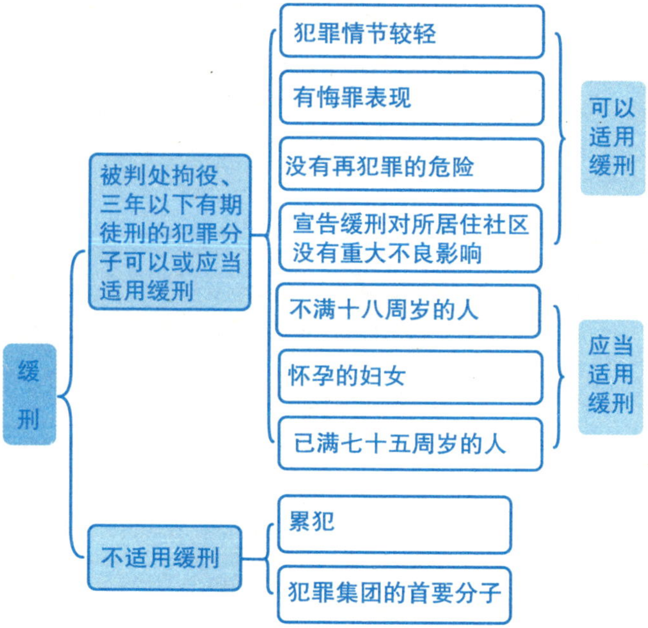
缓刑
被判处拘役、三年以下有期徒刑的犯罪分子可以或应当适用缓刑
犯罪情节较轻
有悔罪表现
没有再犯罪的危险
宣告缓刑对所居住社区没有重大不良影响
可以适用缓刑
不满十八周岁的人
怀孕的妇女
已满七十五周岁的人
应当适用缓刑
不适用缓刑
累犯
犯罪集团的首要分子

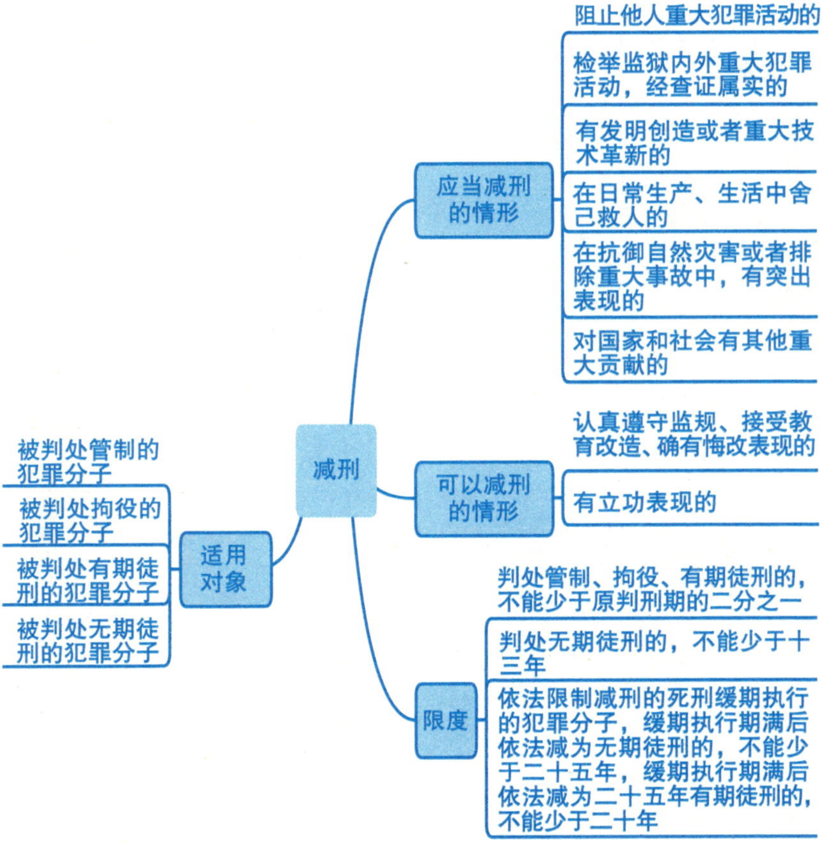
减刑
适用对象
被判处管制的犯罪分子
被判处拘役的犯罪分子
被判处有期徒刑的犯罪分子
被判处无期徒刑的犯罪分子
应当减刑的情形
阻止他人重大犯罪活动的
检举监狱内外重大犯罪活动，经查证属实的
有发明创造或者重大技术革新的
在日常生产、生活中舍己救人的
在抗御自然灾害或者排除重大事故中，有突出表现的
对国家和社会有其他重大贡献的
可以减刑的情形
认真遵守监规、接受教育改造、确有悔改表现的
有立功表现的
限度
判处管制、拘役、有期徒刑的，不能少于原判刑期的二分之一
判处无期徒刑的，不能少于十三年
依法限制减刑的死刑缓期执行的犯罪分子，缓期执行期满后依法减为无期徒刑的，不能少于二十五年，缓期执行期满后依法减为二十五年有期徒刑的，不能少于二十年

- 假释
  - 适用假释
    - 有期徒刑：被判处有期徒刑的犯罪分子，执行原判刑期二分之一以上
    - 无期徒刑：被判处无期徒刑的犯罪分子，实际执行十三年以上
    - 如果认真遵守监规，接受教育改造，确有悔改表现，没有再犯罪的危险的，可以假释
    - 如有特殊情况，经最高人民法院核准，可以不受执行刑期的限制
  - 不适用假释
    - 因故意杀人、强奸、抢劫、绑架、放火、爆炸、投放危险物质或者有组织的暴力性犯罪被判处十年以上有期徒刑、无期徒刑的犯罪分子
    - 累犯

- 追诉时效期限
  - 犯罪不再追诉的期限
    - 法定最高刑为不满五年有期徒刑的，经过五年
    - 法定最高刑为五年以上不满十年有期徒刑的，经过十年
    - 法定最高刑为十年以上有期徒刑的，经过十五年
    - 法定最高刑为无期徒刑、死刑的，经过二十年。如果二十年以后认为必须追诉的，须报请最高人民检察院核准
  - 追诉期限的延长
    - 在人民检察院、公安机关、国家安全机关立案侦查或者在人民法院受理案件以后，逃避侦查或者审判的，不受追诉期限的限制
    - 被害人在追诉期限内提出控告，人民法院、人民检察院、公安机关应当立案而不予立案的，不受追诉期限的限制
  - 追诉期限的计算与中断
    - 追诉期限从犯罪之日起计算
    - 犯罪行为有连续或者继续状态的，从犯罪行为终了之日起计算
    - 在追诉期限以内又犯罪的，追诉的期限从犯后罪之日起计算

53. 我国刑法中的“剥夺政治权利”都包括哪些权利呢?

◆ 案例分析

2018 年，王某任某市教育局副局长，今年年初，王某因涉嫌受贿罪被检方批捕。原来，王某经亲戚介绍认识了徐某，帮徐某的儿子打通关系，使其以低于录取线的分数进入市一中读书，并因此收受徐某 1 万元“答谢费”。东窗事发后，王某非常后悔，主动承认了犯罪事实。法院经审理判决王某有期徒刑一年六个月。王某觉得法院的判决很公平，并且庆幸自己没有被剥夺政治权利。那么，《刑法》中的“剥夺政治权利”都包括哪些权利呢?

《刑法》在五种主刑外，还规定了三种附加刑，包括罚金、剥夺政治权利以及没收财产。附加刑可以与主刑一同适用，也可以单独适用。剥夺政治权利，顾名思义，就是限制政治权利的行使。《刑法》第 54 条规定：“剥夺政治权利是剥夺下列权利：（一）选举权和被选举权；（二）言论、出版、集会、结社、游行、示威自由的权利；（三）担任国家机关职务的权利；（四）担任国有公司、企业、事业单位和人民团体领导职务的权利。”政治权利的意义是重大的，我国是人民民主专政的国家，人民群众参与政权是立国之本，而人民参与治国依据的就是政治权利，将这些权利剥夺，人民作为国家主人的地位就无法体现了。

◆ 法律条文

《中华人民共和国刑法》

第五十四条 剥夺政治权利是剥夺下列权利：

（一）选举权和被选举权；

（二）言论、出版、集会、结社、游行、示威自由的权利；

（三）担任国家机关职务的权利；

（四）担任国有公司、企业、事业单位和人民团体领导职务的权利。

第五十五条 剥夺政治权利的期限，除本法第五十七条规定外，为一年以上五年以下。

判处管制附加剥夺政治权利的，剥夺政治权利的期限与管制的期限相等，同时执行。

第五十八条 附加剥夺政治权利的刑期，从徒刑、拘役执行完毕之日或者从假释之日起计算；剥夺政治权利的效力当然施用于主刑执行期间。

被剥夺政治权利的犯罪分子，在执行期间，应当遵守法律、行政法规和国务院公安部门有关监督管理的规定，服从监督；不得行使本法第五十四条规定的各项权利。

深度解析

剥夺政治权利是《刑法》规定的三种附加刑之一，是剥夺犯罪人参加国家管理和政治活动的权利的一种刑罚方法。政治权利具体包括四种，其中，选举权和被选举权是公民的一项基本政治权利；言论、出版、集会、结社、游行、示威自由的权利是我国《宪法》规定的公民的基本政治自由，是人民发表意见、参加政治活动和国家管理的自由权利。应注意的是，担任集体、私营公司、企业领导职务的权利不属于此处所说的政治权利的范围。

54. 职务上负有特殊义务的人员能否适用紧急避险?

◆ 案例分析

某市公安局在抓捕一群毒贩时，由于人民警察布下了天罗地网，犯罪分子自觉没有生路，便狗急跳墙，持枪疯狂扫射，不听任何劝告。警察依法持枪相对，双方战况激烈。警察李某第一次遇到这么险恶的情况，心里非常害怕，想到自己还有老婆孩子要养，便借机逃离了现场，导致其所在的位置空缺，身后的同事张某受了重伤。事后，局里要对李某给予处分，但李某辩解称自己的行为属于紧急避险。李某的说法正确吗？他作为一名人民警察在追捕犯罪分子时可以适用紧急避险吗？

李某的说法错误，他作为职务上负有特殊义务的人员不适用紧急避险。为了使国家、公共利益、本人或者他人的人身、财产和其他权利免受正在发生的危险，公民可以采取紧急避险的行为，因此造成损害的，不负刑事责任。但是，李某的行为不能构成紧急避险。紧急避险不适用于职务上、业务上负有特定责任的人。李某作为一名人民警察，负有追捕罪犯的义务，他不可以为了避免本人的生命安全受到威胁而实施紧急避险的行为。因此，李某在危险面前没有履行自己的特定义务，致使同事受重伤，应受到应有的处罚。

◆ 法律条文

《中华人民共和国刑法》

第二十一条　为了使国家、公共利益、本人或者他人的人身、财产和其他权利免受正在发生的危险，不得已采取的紧急避险行为，造成损害的，不负刑事责任。

紧急避险超过必要限度造成不应有的损害的，应当负刑事责任，但是应当减轻或者免除处罚。

第一款中关于避免本人危险的规定，不适用于职务上、业务上负有特定责任的人。

深度解析

根据我国法律规定，紧急避险行为应符合以下条件：（一）目的是使国家、公共利益、本人或者他人的人身、财产和其他权利免受危险；（二）危险正在发生；（三）为了使更多更大的合法权益免受正在发生的危险，不得已而采取的侵犯另一个较小合法权益的行为。另外，对于职务上、业务上负有特定责任的人，为了避免个人受危险，不履行职业义务，牺牲国家、公共利益或他人利益的行为，是放弃职守的行为，不适用紧急避险。

55. 行为造成了恶劣的社会影响，一定会构成犯罪吗？

◆ 案例分析

唐某是某市水利局局长，一日照常去查看某处水利施工现场，因天气下雨，随行人员便为唐某撑了一会儿伞，便于他开展工作。没想到第二天唐某上了新闻，被舆论指责为摆官架子，主管的副市长也受到了牵连。此事引起了社会的广泛讨论，造成了恶劣影响。单位因此对唐某给予了批评教育和一定的处分。有人认为唐某的行为造成了恶劣的社会影响，影响了国家工作人员在人民群众中的形象，应对其处以刑事处罚。请问：唐某的行为构成犯罪吗？

唐某的行为虽然造成了恶劣的社会影响，但不构成犯罪。我国《刑法》遵循的是罪刑法定原则，即法无明文规定不为罪。我国《刑法》认为犯罪的实质在于行为的社会危害性，但对社会危害性的认定也要与“刑法明确规定”这一形式标准相统一。由于我国现行《刑法》中没有任何关于唐某行为构成犯罪的规定，因此唐某的行为属于法无明文规定不为罪的行为，不是犯罪行为。当然，尽管这样的行为不能被认定为犯罪行为，但毕竟违反了《公务员法》的相关规定，应受到相应的处罚。

◆ 法律条文

《中华人民共和国刑法》

第三条　法律明文规定为犯罪行为的，依照法律定罪处刑；法律没有明文规定为犯罪行为的，不得定罪处刑。

深度解析

罪刑法定原则是刑法的重要原则。罪刑法定原则是相对封建社会罪刑擅断而言的，是现代刑事法律制度的一大进步。它包括两个方面：一是法律明确规定为犯罪的行为才是犯罪，且必须依照法律规定定罪量刑；二是法律没有明确规定为犯罪的行为就不是犯罪。坚持罪刑法定原则，更有利于保护公民的合法权益，体现刑法尊重和保护人权的立法宗旨。

56. 犯罪后主动投案自首，是否可以减轻处罚？

◆ 案例分析

林某是一名国家公务员，在某市社保局负责社保金发放等工作。由于一时的贪念，林某扣留了一笔本应发放给农村低保户的资金，并擅自改动了应发金额，将其余的钱据为已有，金额约5万元。事后，林某内心一直很不安。几天后，在一次走访中，林某发现很多农村的孤寡老人没有生活来源，全指望政府的救济过日子，心里非常不是滋味。几经思量之后，林某向检察机关投案自首，坦白了自己贪污社保金的犯罪事实。那么，按照我国法律规定，林某的行为可以减轻处罚吗？

《刑法》第67条规定，犯罪以后主动投案，如实供述自己罪行的，是自首。对于自首，可以从轻或减轻处罚。对于犯罪较轻的，可以免除处罚。在司法实践中，犯罪嫌疑人在犯罪后正在投案途中被公安机关抓获的，或者在家人、亲友的劝说下去投案的，也应认定为自首。由于林某在犯罪后主动到公安机关投案并且交代了自己的罪行，应当认定为自首。因此，在对林某量刑时，可以从轻、减轻或者免除处罚。

◆ 法律条文

《中华人民共和国刑法》

第六十七条　犯罪以后自动投案，如实供述自己的罪行的，是自首。对于自首的犯罪分子，可以从轻或者减轻处罚。其中，犯罪较轻的，可以免除处罚。

被采取强制措施的犯罪嫌疑人、被告人和正在服刑的罪犯，如实供述司法机关还未掌握的本人其他罪行的，以自首论。

犯罪嫌疑人虽不具有前两款规定的自首情节，但是如实供述自己罪行的，可以从轻处罚；因其如实供述自己罪行，避免特别严重后果发生的，可以减轻处罚。

深度解析

自首不仅是犯罪分子悔罪的表现，还在一定程度上降低了司法成本，减轻了犯罪行为对社会的危害，因此可以相应地从轻或减轻处罚。这是大多数国家的通行做法。其中犯罪较轻的，因其社会危害性较小又有自首行为，因此可以免除处罚。自首的成立要符合两个条件：一是自动投案，二是如实供述自己的罪行，二者缺一不可。

57. 非法搜查他人身体的，可能受到什么样的处罚？

◆ 案例分析

小玲下班后去附近的超市买生活用品，结账后走出超市时，超市的警报器突然响起，小玲不知所措。保安人员迅速赶来查看小玲的物品，小玲也拿出自己购买的东西一一清点，发现并无问题。小玲表示可能是警报器出了问题，但保安人员坚持将小玲带到保卫室搜身，小玲势单力薄只好答应。虽然小玲一再表示自己不会偷东西，但还是被保安人员强制进行搜身，并有殴打、侮辱行为，没有搜到东西才放她走。事后小玲越想越委屈，觉得自己的人身和尊严受到了伤害，决定用法律武器维护自身的合法权益。那么，保安人员非法搜查小玲的身体，是否构成犯罪，可能受到什么样的处罚？

保安人员非法搜查他人身体，情节严重的，可能构成犯罪。本案中，超市保安人员没有证据证明小玲偷了东西，且无权对小玲实施人身搜查。即使是司法工作人员在证据确凿的情况下，也要按照法律程序，对怀疑对象的人身进行搜查，否则视为非法。公民的人身权利和民主权利不容任何人践踏，无论基于任何理由，都不能随便搜查他人身体。因此，案例中保安人员的行为涉嫌构成犯罪，如果情节和后果严重，可能被处以三年以下有期徒刑或者拘役。

◆ 法律条文

《中华人民共和国刑法》

第二百四十五条　非法搜查他人身体、住宅，或者非法侵入他人住宅的，处三年以下有期徒刑或者拘役。

司法工作人员滥用职权，犯前款罪的，从重处罚。

深度解析

公民的人身权是《宪法》保障的基本权利，公民的住宅是一个人最为私密的生活空间，因此法律对二者的保障力度也较大，明确规定了非法搜查罪、非法侵入住宅罪。即使是有权搜查公民身体和住宅的人员也要严格按照法律规定的程序进行搜查。司法工作人员滥用职权犯此罪的，属于明知故犯，性质恶劣的，要从重处罚。

58. 妻子利用丈夫的地位私自受贿的，二人构成共同犯罪吗?

◆ 案例分析

陈某是某县卫健局局长，平日里有很多人找他办事。黄某想给自己的女儿谋一份医院的工作，于是托人辗转找到了陈某，结果被陈某回绝。后来黄某发现自己的老婆与陈某的妻子是远亲，于是找到了陈某家，求陈某妻子在陈某面前美言几句，并送上了一沓现金。陈某的妻子收下了现金，但她一直没有将此事告诉陈某。后东窗事发，陈某与其妻子构成受贿罪的共同犯罪吗?

本案中陈某没有受贿行为，且自始至终不知妻子收受他人财物，因此不构成受贿犯罪。近年来查处的领导干部受贿犯罪案中，领导干部“身边人”如配偶、子女、情人等参与作案的现象比较普遍。另外，一些已离职的国家工作人员，利用其在职时的影响力，通过其他国家工作人员职务上的行为，为请托人谋取不正当利益，索取或收受请托人财物的现象也时有发生。对此，《刑法》第 388 条之一明确规定，将国家工作人员的近亲属及其他与该国家工作人员关系密切的人纳入受贿罪的犯罪主体范围。据此，本案中陈某之妻构成受贿罪，应当依法被追究刑事责任，而陈某与其妻子并不构成共同犯罪。

◆ 法律条文

《中华人民共和国刑法》

第三百八十八条之一 国家工作人员的近亲属或者其他与该国家工作人员关系密切的人，通过该国家工作人员职务上的行为，或者利用该国家工作人员职权或者地位形成的便利条件，通过其他国家工作人员职务上的行为，为请托人谋取不正当利益，索取请托人财物或者收受请托人财物，数额较大或者有其他较重情节的，处三年以下有期徒刑或者拘役，并处罚金；数额巨大或者有其他严重情节的，处三年以上七年以下有期徒刑，并处罚金；数额特别巨大或者有其他特别严重情节的，处七年以上有期徒刑，并处罚金或者没收财产。

离职的国家工作人员或者其近亲属以及其他与其关系密切的人，利用该离职的国家工作人员原职权或者地位形成的便利条件实施前款行为的，依照前款的规定定罪处罚。

深度解析

《刑法》明确规定了利用影响力受贿罪的主体为国家工作人员的近亲属或其他与其关系密切的人。成立本罪不要求国家工作人员对行为人的行为知情，若知情则构成受贿罪的共犯。该规定主要是结合我国的具体国情作出的，有利于打击腐败，严惩职务犯罪。

59. 收受他人钱财但未为他人谋取到利益，是否构成犯罪？

◆ 案例分析

秦某原任某市开发区主任，在招标项目中收取了蒋某 10 万元，答应帮蒋某的公司中标。后来由于招标程序变得更加严格，秦某无法控制，致使蒋某没有如愿中标。于是蒋某将秦某举报，秦某受贿一事东窗事发。秦某认为自己虽然收受了财物，但并未给蒋某谋取到利益，不构成犯罪。请问：秦某的说法正确吗？

秦某仍然成立受贿罪。受贿罪是指国家工作人员利用职务上的便利，索取他人财物，或者非法收受他人财物，为他人谋取利益的行为。受贿罪的表现形式有两种：一是索贿，即主动向他人索要财物，对于索贿，不需要有为他人谋取利益这一条件，即只要行为人有索贿行为，就成立受贿罪，无论是否答应为他人谋取利益或实际上是否为他人谋取利益；二是非法收受他人财物，并为他人谋取利益。对于被动收受财物的行为，必须符合为他人谋取利益这一条件，但是为他人谋取利益不代表为他人谋到了利益，只要答应为他人谋取利益就成立受贿罪。本案中秦某收受他人财物，并答应为他人办事，已经构成受贿罪，至于答应他人的事没办成不影响受贿罪的成立。

◆ 法律条文

《中华人民共和国刑法》

第三百八十五条　国家工作人员利用职务上的便利，索取他人财物的，或者非法收受他人财物，为他人谋取利益的，是受贿罪。

国家工作人员在经济往来中，违反国家规定，收受各种名义的回扣、手续费，归个人所有的，以受贿论处。

深度解析

《刑法》规定的受贿罪主要有两种表现形式：索贿和非法收受他人财物，为他人谋取利益，二者的构成不同。索贿因其主观恶性较大，只需具有索取行为而无须其他条件即构成犯罪，司法实践中一般表现为公开索要和刁难性的暗示。非法收受他人给予的财物，只要有为他人谋取利益的表示或许诺等即可，是否办成事和何时收受财物不影响受贿罪的成立。

60. 国家工作人员无法说明个人巨额财产的来源，是否构成犯罪？

◆ 案例分析

金某大学毕业后即被分配到某县建设局工作，如今已工作了 20 多年，现任副局长一职。2019 年，金某被人举报，称其在多项城市建设招标项目中收取贿赂，为他人谋取非法利益。经检察机关立案调查，发现金某及其家庭收入总额明显超过其正常来源，超过的部分约为 100 万元。因年代较久，无法查清来源，金某也无法证明该笔收入的合法性。那么，金某的行为是否构成犯罪？

金某的行为构成巨额财产来源不明罪。巨额财产来源不明罪是指国家工作人员的财产或者支出明显超过合法收入，差额巨大，经司法机关责令其说明来源而本人不能说明来源合法的行为。构成本罪，要求财产必须明显超过合法收入，而且差额巨大；不是明显超过合法收入，差额部分不属于巨大的，不构成本罪。《刑法》第 395 条第 1 款规定，此罪是由于国家工作人员的贪污受贿等行为有时并不能被查出来，但是其财产明显超过合法收入，对于超出的部分如果其不能证明是合法所得的，就推定是非法所得，以巨额财产来源不明罪定罪处罚。当然，如果能够查明是贪污或受贿所得的，则以贪污受贿罪来追究，不再定此罪。

本案中金某的财产超过合法收入约100万元，又拒不说明合法来源，因此应该以巨额财产来源不明罪对其定罪处罚。

◆ 法律条文

《中华人民共和国刑法》

第三百九十五条第一款　国家工作人员的财产、支出明显超过合法收入，差额巨大的，可以责令该国家工作人员说明来源，不能说明来源的，差额部分以非法所得论，处五年以下有期徒刑或者拘役；差额特别巨大的，处五年以上十年以下有期徒刑。财产的差额部分予以追缴。

深度解析

《刑法》规定了巨额财产来源不明罪，目的是严密法网，应对无法查清国家工作人员非法收入的情况。本罪适用于犯罪嫌疑人拒绝说明巨额财产的来源，或者说明后经查证不属实或说明后仍无法查明的情况。本罪中包含的推定具有合理性，即无法证明来源的巨额财产属于贪污受贿等犯罪所得的可能性非常大。至于巨额财产究竟从何而来，不影响本罪的成立。

61. 因玩忽职守造成重大损失，构成什么犯罪？

◆ 案例分析

张某原任某市城建局项目部主任。2019 年，因为该市旧城区改造，需要建设的项目非常多，张某及同事连续几个月都忙得不可开交。一次，市区立交桥的一个项目落定后，下属将文件交由张某审批，张某没有仔细审查便签字盖章。立交桥落成不久后便发生了坍塌事故，造成 4 人死亡、多人受伤，经济损失合计约 420 万元。有关部门经调查发现，承建该项目的公司相关资质并不健全，如果张某等工作人员仔细审查过就一定会发现该问题。请问：张某因玩忽职守造成重大损失，构成什么犯罪？

张某的行为构成玩忽职守罪。玩忽职守罪是指国家工作人员玩忽职守，致使公共财产、国家和人民利益遭受重大损失的行为。玩忽职守罪的行为方式是不履行或者不正确履行，主观心理状态是过失。本案中张某作为项目部主任，本应认真审查文件材料，却没有正确履行该职责，草率了事，使无承建资质的公司得到了项目建设权，最终导致项目质量不合格，造成人员伤亡和经济损失。应该对张某以玩忽职守罪定罪处罚。

◆ 法律条文

《中华人民共和国刑法》

第三百九十七条第一款　国家机关工作人员滥用职权或者玩忽职守，致使公共财产、国家和人民利益遭受重大损失的，处三年以下有期徒刑或者拘役；情节特别严重的，处三年以上七年以下有期徒刑。本法另有规定的，依照规定。

深度解析

《刑法》第397条将滥用职权罪和玩忽职守罪规定在一起，二者都属于典型的渎职犯罪。滥用职权罪表现在两个方面：一是超越职权，即国家工作人员实施了其无权实施的行为，包括下级行使上级的职权，本部门行使其他部门的职权，上级越过下级直接代下级行使职权等；二是不正当行使法律职权，如未遵守法律程序，考虑不相关因素或不考虑应该考虑的因素。滥用职权罪和玩忽职守罪与很多法条都是竞合的关系，构成两罪时，优先适用特殊法。

第八章
社保法律知识

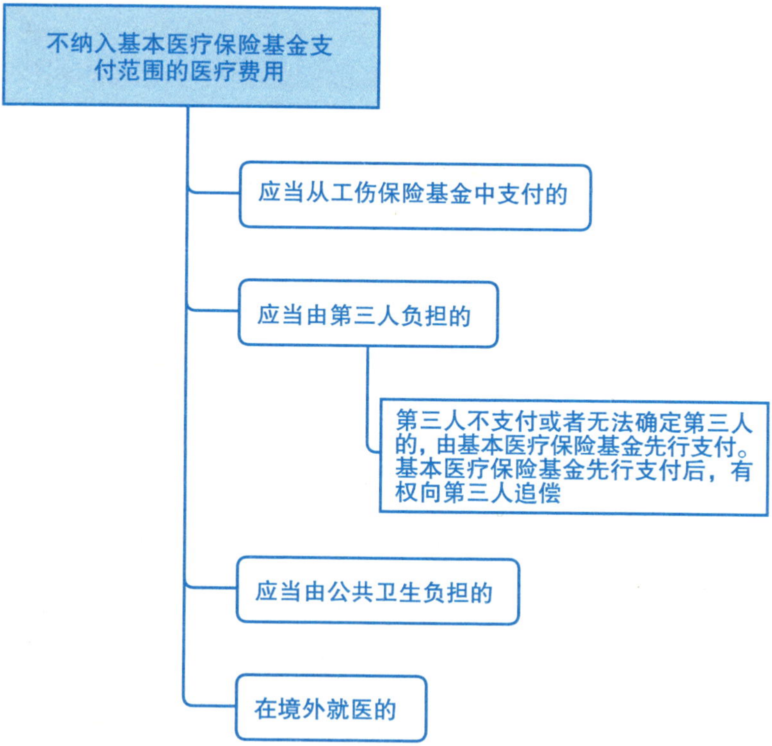
不纳入基本医疗保险基金支付范围的医疗费用
应当从工伤保险基金中支付的
应当由第三人负担的
第三人不支付或者无法确定第三人的，由基本医疗保险基金先行支付。基本医疗保险基金先行支付后，有权向第三人追偿
应当由公共卫生负担的
在境外就医的

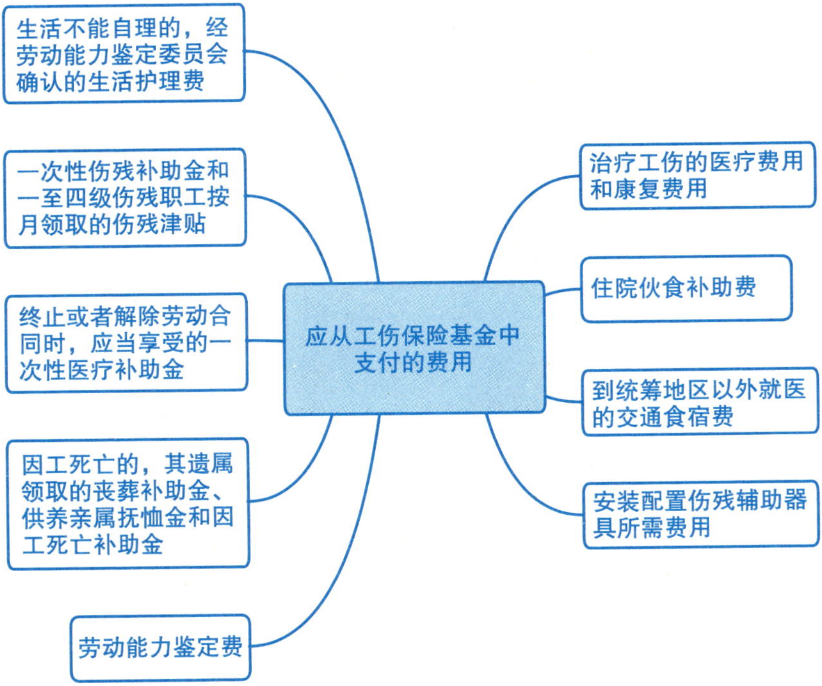
应从工伤保险基金中支付的费用
生活不能自理的，经劳动能力鉴定委员会确认的生活护理费
一次性伤残补助金和一至四级伤残职工按月领取的伤残津贴
终止或者解除劳动合同时，应当享受的一次性医疗补助金
因工死亡的，其遗属领取的丧葬补助金、供养亲属抚恤金和因工死亡补助金
劳动能力鉴定费
治疗工伤的医疗费用和康复费用
住院伙食补助费
到统筹地区以外就医的交通食宿费
安装配置伤残辅助器具所需费用

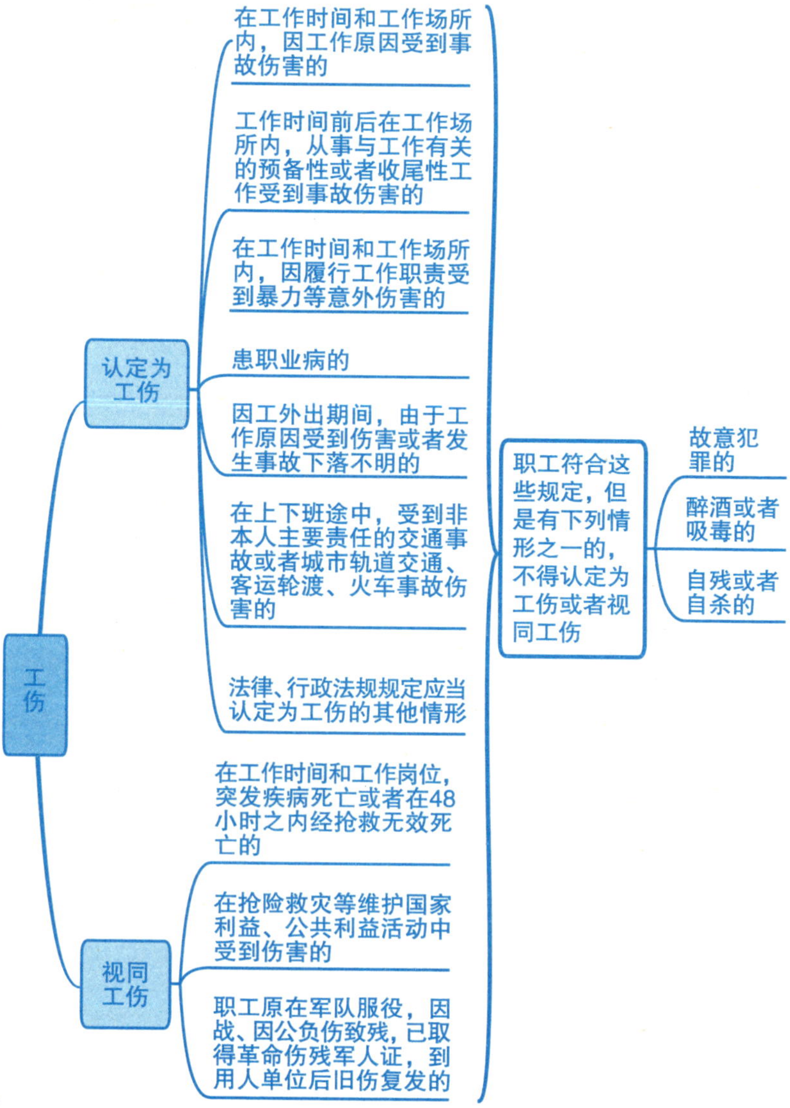
工伤
认定为工伤
在工作时间和工作场所内，因工作原因受到事故伤害的
工作时间前后在工作场所内，从事与工作有关的预备性或者收尾性工作受到事故伤害的
在工作时间和工作场所内，因履行工作职责受到暴力等意外伤害的
患职业病的
因工外出期间，由于工作原因受到伤害或者发生事故下落不明的
在上下班途中，受到非本人主要责任的交通事故或者城市轨道交通、客运轮渡、火车事故伤害的
法律、行政法规规定应当认定为工伤的其他情形
视同工伤
在工作时间和工作岗位，突发疾病死亡或者在48小时之内经抢救无效死亡的
在抢险救灾等维护国家利益、公共利益活动中受到伤害的
职工原在军队服役，因战、因公负伤致残，已取得革命伤残军人证，到用人单位后旧伤复发的
职工符合这些规定，但是有下列情形之一的，不得认定为工伤或者视同工伤
故意犯罪的
醉酒或者吸毒的
自残或者自杀的

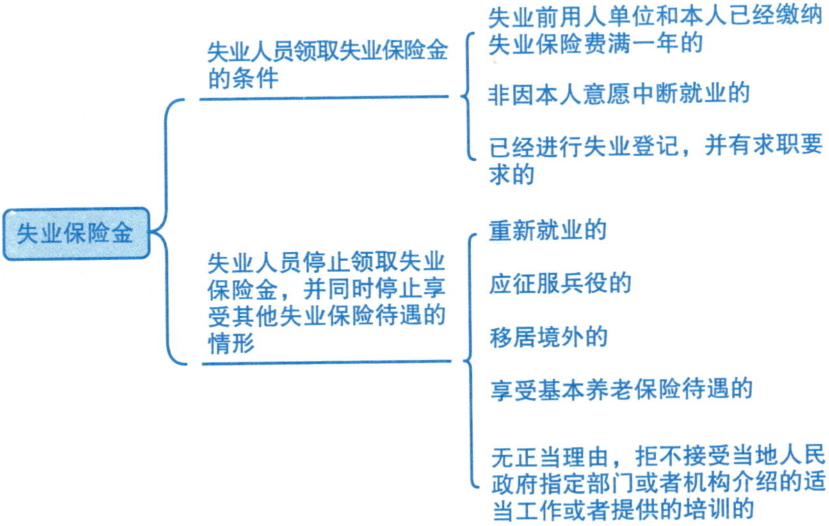
失业保险金
失业人员领取失业保险金的条件
失业前用人单位和本人已经缴纳失业保险费满一年的
非因本人意愿中断就业的
已经进行失业登记，并有求职要求的
失业人员停止领取失业保险金，并同时停止享受其他失业保险待遇的情形
重新就业的
应征服兵役的
移居境外的
享受基本养老保险待遇的
无正当理由，拒不接受当地人民政府指定部门或者机构介绍的适当工作或者提供的培训的

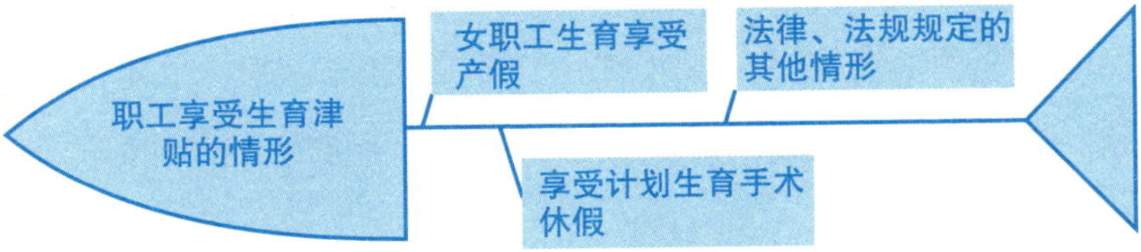
职工享受生育津贴的情形
女职工生育享受产假
法律、法规规定的其他情形
享受计划生育手术休假

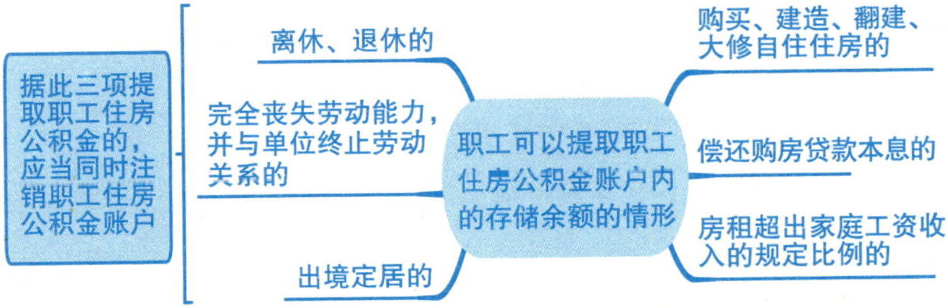
据此三项提取职工住房公积金的，应当同时注销职工住房公积金账户
离休、退休的
完全丧失劳动能力，并与单位终止劳动关系的
出境定居的
职工可以提取职工住房公积金账户内的存储余额的情形
购买、建造、翻建、大修自住住房的
偿还购房贷款本息的
房租超出家庭工资收入的规定比例的

62. 未缴满最低年限 15 年，是否可以享受养老保险？

◆ 案例分析

李阿姨是某国有企业的一名员工，2019 年达到退休年龄正式退休。李阿姨办理退休手续时发现自己缴纳养老保险的年限只有 12 年，未达到法律规定的最低缴纳年限 15 年。李阿姨担心自己的养老保险出现问题，便向同事咨询，同事表示自己也是刚刚够 15 年，李阿姨虽然缴费比较晚，但也不用担心，国家应该会提供保障。请问：同事的说法正确吗？李阿姨是否可以享受养老保险？

李阿姨可以在退休后继续缴费，直到满 15 年。根据《社会保险法》第 16 条第 2 款的规定："参加基本养老保险的个人，达到法定退休年龄时累计缴费不足十五年的，可以缴费至满十五年，按月领取基本养老金；也可以转入新型农村社会养老保险或者城镇居民社会养老保险，按照国务院规定享受相应的养老保险待遇。"所以，李阿姨在继续缴费满 15 年之后，可以按月领取基本养老金。

◆ 法律条文

《中华人民共和国社会保险法》

第十六条 参加基本养老保险的个人，达到法定退休年龄时累计缴费满十五年的，按月领取基本养老金。

参加基本养老保险的个人，达到法定退休年龄时累计缴费不足十五年的，可以缴费至满十五年，按月领取基本养老金；也可以转入新型农村社会养老保险或者城镇居民社会养老保险，按照国务院规定享受相应的养老保险待遇。

深度解析

根据法律规定，按月领取基本养老保险金需要符合两个条件：一是必须达到法定退休年龄；二是参加基本养老保险的个人累计缴费满 15 年。达到退休年龄但缴费不足 15 年的，有两种解决方法：一是继续缴费至满 15 年；二是转入新型农村社会养老保险或者城镇居民社会养老保险。这是符合我国国情的原则性规定，具体实施还需结合各地政策。

63. 退休前意外死亡，养老保险金如何处理？

◆ 案例分析

赵某生前在一家钢铁厂上班，2019 年 7 月因突发脑出血去世，给家人带来了巨大的伤痛。赵某在钢铁厂工作已近 20 年，缴纳养老保险的年限也达到了最低缴费年限 15 年。家人在处理他的后事时，要求领取赵某社保个人账户中的钱。请问：赵某家人的要求是否合理？他的家人还可以获得什么补偿？

赵某的家人可以领取赵某社保个人账户中的钱，并可以领取丧葬补助金和抚恤金。本案中，赵某一直在缴纳社保，但是在退休前意外去世。根据《社会保险法》第 14 条和第 17 条的规定，“个人死亡的，个人账户余额可以继承”，“参加基本养老保险的个人，因病或者非因工死亡的，其遗属可以领取丧葬补助金和抚恤金”，所以，赵某的继承人可以继承其个人账户中的钱，并可以领取丧葬补助金和抚恤金，但是具体可以得到多少丧葬补助金和抚恤金因各省市的规定不同而有所差异。

◆ 法律条文

《中华人民共和国社会保险法》

第十四条 个人账户不得提前支取，记账利率不得低于银行定期存款利率，免征利息税。个人死亡的，个人账户余额可以继承。

第十七条 参加基本养老保险的个人，因病或者非因工死亡的，其遗属可以领取丧葬补助金和抚恤金；在未达到法定退休年龄时因病或者非因工致残完全丧失劳动能力的，可以领取病残津贴。所需资金从基本养老保险基金中支付。

深度解析

个人账户基金是职工个人工作期间为退休后养老积蓄的资金，具有强制储蓄性质，属于个人所有，因此个人账户中的养老金余额可以继承。另外，我国《社会保险法》规定了基本养老保险遗属抚恤和病残津贴制度。由于各地规定的遗属待遇的支付范围和发放标准各不相同，《社会保险法》只作了原则性规定并明确所需资金从基本养老保险基金中支付。

64. 职工基本医疗保险可以支付国外的医疗费用吗?

◆ 案例分析

唐先生在某大型国企做中层管理，平日工作非常忙碌，经常一年只休一天年假。今年年初，唐先生提前完成了自己的工作任务，跟单位申请了一个月的假，带着夫人和孩子到国外游玩。不料，唐先生在英国游玩时感到身体不适，送医院急救发现是急性胃穿孔，需要马上进行手术治疗。术后唐先生恢复得不错，按时回到了国内。当唐先生拿国外就医的单据报销时却被拒绝，他十分不解，认为自己缴纳了医疗保险就有权利报销。请问：唐先生的想法对吗？对此法律是怎样规定的？

职工基本医疗保险是国家为了避免或减轻劳动者因患病、治疗等所带来的经济风险所设立的一种保险制度。在我国城镇，所有用人单位及其职工都要参加基本医疗保险，实行属地管理。针对在国外就医所时花费的医疗费用能否得到职工基本医疗保险报销的问题，《社会保险法》第 30 条第 1 款规定：“下列医疗费用不纳入基本医疗保险基金支付范围：（一）应当从工伤保险基金中支付的；（二）应当由第三人负担的；（三）应当由公共卫生负担的；（四）在境外就医的。”本案中，医保工作人员拒绝对唐先生在国外就医所花费的医疗费用进行报销是符合法律规定的，唐先生应遵从法律规定，自己负担国外就医的医疗费用。

◆ 法律条文

《中华人民共和国社会保险法》

第三十条第一款　下列医疗费用不纳入基本医疗保险基金支付范围：

（一）应当从工伤保险基金中支付的；

（二）应当由第三人负担的；

（三）应当由公共卫生负担的；

（四）在境外就医的。

深度解析

《社会保险法》对基本医疗保险基金的支付范围作了限制性规定，在境外就医的不纳入基本医疗保险基金支付范围。也就是说，我国的医保不适用于境外就医的报销。对于我国法律明确规定的事项，公民在平时应注意了解清楚，避免给自己的日常生活带来不必要的麻烦。

65. 上班路上救火受伤可以享受工伤保险待遇吗?

◆ 案例分析

小张是一名工人，工作地点在某市开发区，他每天骑电动车上班要经过一片林区，该林区是受国家保护的。2019 年 10 月的一天，小张照常走在上班的路上，路过林区时闻到一股烧焦的气味，于是停下来查看，发现林区着火了，虽然还不严重，但因 10 月天干物燥，若不及时救火后果将不堪设想。小张一边打电话报警，一边脱下衣服奋力救火。结果小张的双手和双脚都有不同程度的烧伤，但幸好火被扑灭没有造成大的损失。事后同事告诉小张可以申请工伤待遇，小张不太懂。请问：在上班路上救火可以享受工伤保险待遇吗？

小张可以享受工伤保险待遇。国家利益和社会公共利益是国家极力提倡保护的，因此，如果职工在抢险救灾等活动中受到了伤害，应该得到充分的救助。对此，根据《工伤保险条例》第 15 条的规定，上下班途中，职工因抢险救灾等维护国家利益、公共利益活动而受到伤害的，应视同工伤，享受工伤保险待遇。本案中小张为了保护国家财产而受伤，应该被认定为工伤，享受工伤保险待遇。

◆ 法律条文

《工伤保险条例》

第十五条　职工有下列情形之一的，视同工伤：

（一）在工作时间和工作岗位，突发疾病死亡或者在48小时之内经抢救无效死亡的；

（二）在抢险救灾等维护国家利益、公共利益活动中受到伤害的；

（三）职工原在军队服役，因战、因公负伤致残，已取得革命伤残军人证，到用人单位后旧伤复发的。

职工有前款第（一）项、第（二）项情形的，按照本条例的有关规定享受工伤保险待遇；职工有前款第（三）项情形的，按照本条例的有关规定享受除一次性伤残补助金以外的工伤保险待遇。

深度解析

《工伤保险条例》规定了视同工伤的情形和相应的工伤保险待遇。这打破了在工作时间和工作岗位上当场死亡的严格限制，扩大了对职工的保障范围。在抢险救灾等维护国家利益、公共利益活动中受到伤害的，视同工伤，在这种情况下没有工作时间、工作地点、工作原因等要素要求。

66. 被开除的人员，可否享受失业保险待遇？

◆ 案例分析

小强是一家暖气片公司的正式职工，2015 年起公司为其缴纳五险一金。2019 年年底，小强在跟外省一家公司谈生意时，由于工作态度敷衍，没有仔细阅读合同，导致公司损失了近 500 万元，小强因此被公司开除。失业后小强非常沮丧，自己没了生活来源，找工作也吃力。这时表姐告诉他可以去申请失业保险，但小强认为自己是被开除的，肯定没有失业保险。请问：小强的想法对吗？对此法律又是怎么规定的？

小强因疏忽大意造成损失被单位开除，属于“非因本人自愿中断就业”，因此可以享受失业保险的待遇。“非自愿失业”是一种经济现象，与其相对应的是自愿失业，自愿失业一般是指有工作能力而又不愿意工作的情况，通常不被视为严格意义上的失业。在现行的法律制度内，对“非自愿失业”做出有利于失业人员的理解是符合立法精神的，这样有利于保护劳动者，帮助他们顺利实现再就业。《社会保险法》第 45 条规定，失业人员符合下列条件的，从失业保险基金中领取失业保险金：（一）失业前用人单位和本人已经缴纳失业保险费满一年的；（二）非因本人意愿中断就业的；（三）已经进行失业登记，并有求职要求的。显然，小强符合法律规定的“非自愿失业”的情况，按照规定进行失业登记，可以享受失业保险的相关待遇。

◆ 法律条文

《中华人民共和国社会保险法》

第四十五条 失业人员符合下列条件的，从失业保险基金中领取失业保险金：

（一）失业前用人单位和本人已经缴纳失业保险费满一年的；

（二）非因本人意愿中断就业的；

（三）已经进行失业登记，并有求职要求的。

深度解析

根据《社会保险法》的规定，失业人员失业后领取社会保险金的，必须同时满足三个条件：（一）失业前用人单位和本人已经缴纳失业保险费满一年，这是享受失业保险的缴费前提。（二）非因本人意愿中断就业，这类失业现象的发生责任不在本人，而是由与失业者本人无关的原因造成的。对于这种失业人员，国家应当为其提供失业保险待遇。（三）已经进行失业登记，并有求职要求。失业人员要想领到失业保险金，应到有关部门办理失业登记，还应有求职要求，以促进失业人员再就业。

67. 住房公积金可以用来购买商铺吗?

◆ 案例分析

唐某一家住的是20世纪90年代单位分的楼房，家中只有一个女儿，没有买房的打算。2019年，唐某家住的城区新开发了一条商业街，唐某有了投资开店的打算，于是跟妻子商量。妻子觉得可行，提出两人的住房公积金可以用来投资，不然也就浪费了。唐某觉得住房公积金不能用来买商铺，因此与妻子发生了分歧。请问：谁的想法正确呢？住房公积金是用来做什么的？

唐某的想法是正确的。根据《住房公积金管理条例》第5条的规定："住房公积金应当用于职工购买、建造、翻建、大修自住住房，任何单位和个人不得挪作他用。"由此可见，住房公积金是为了解决城镇职工住房需要而设立的，限于基本住房消费。而商铺是为了商业投资的需要，不属于职工基本住房消费的范围之内，职工购买商铺属于基本住房消费以外的额外消费，因而不得使用住房公积金。

◆ 法律条文

《住房公积金管理条例》

第五条 住房公积金应当用于职工购买、建造、翻建、大修自住住房，任何单位和个人不得挪作他用。

深度解析

我国法律规定了住房公积金的专有使用权。住房公积金是专门用于职工个人住房建设的基金，“取之于民，用之于民”“专款专用”，因此住房公积金只能用来解决职工住房问题，除此之外，不能挪作他用。

68. 异地购买住房可以使用住房公积金吗？如何使用？

◆ 案例分析

姚某在石家庄的一家企业任职，由于工作性质的原因，常年在北京工作。这几年，姚某升任公司高管，也面临着成家立业的问题。姚某决定以后在北京发展，于是打算先在北京买房。贷款时，姚某担心自己在石家庄缴存的住房公积金在北京买房时无法使用，于是向律师咨询。那么，姚某的担心是有必要的吗？法律又是怎么规定的？他应该怎么做？

姚某可以向住房所在地的管理中心申请住房公积金贷款。《建设部、财政部、中国人民银行关于住房公积金管理若干具体问题的指导意见》第20条指出："职工在缴存住房公积金所在地以外的设区城市购买自住住房的，可以向住房所在地管理中心申请住房公积金贷款，缴存住房公积金所在地管理中心要积极协助提供职工缴存住房公积金证明，协助调查还款能力和个人信用等情况。"所以，根据这一规定，姚某可以向北京住房公积金管理中心申请住房公积金贷款。

◆ 法律条文

《建设部、财政部、中国人民银行关于住房公积金管理若干具体问题的指导意见》

二十、职工在缴存住房公积金所在地以外的设区城市购买自住住房的，可以向住房所在地管理中心申请住房公积金贷款，缴存住房公积金所在地管理中心要积极协助提供职工缴存住房公积金证明，协助调查还款能力和个人信用等情况。

深度解析

住房公积金设立的目的是方便职工购置个人住房，买房地点不影响公积金的使用。但因公积金的缴纳由本人工作地的住房公积金管理中心负责，若异地买房，则需要履行相关手续，以保证还款等事宜。各地管理机构应积极配合，协助职工完成公积金提取工作。

69. 提取住房公积金应履行什么手续?

◆ 案例分析

王某在一家中外合资公司工作，其妻子李某静在某国有企业上班，两人的单位都缴纳了住房公积金。二人现住的婚房为王某父母所购买。婚后一年，妻子生下儿子果果，夫妻二人打算为儿子购置一套房子以备将来结婚用，在此之前可以用来出租。但由于两人都是第一次使用公积金，不知道怎么办理提取手续。请问：提取住房公积金具体需要履行什么手续呢？

住房公积金虽然是职工个人财产，但是我国法律法规对住房公积金的提取规定了明确的条件。《住房公积金管理条例》第 24 条规定："职工有下列情形之一的，可以提取职工住房公积金账户内的存储余额：（一）购买、建造、翻建、大修自住住房的；（二）离休、退休的；（三）完全丧失劳动能力，并与单位终止劳动关系的；（四）出境定居的；（五）偿还购房贷款本息的；（六）房租超出家庭工资收入的规定比例的。"本案中，王某夫妇提取住房公积金的情形符合第一项规定，所以有权提取住房公积金。二人提取住房公积金时，其所在单位应当予以核实，并出具证明材料，当地住房公积金管理部门则应当在规定时间内为其办理相应手续。

◆ 法律条文

《住房公积金管理条例》

第二十四条　职工有下列情形之一的，可以提取职工住房公积金账户内的存储余额：

（一）购买、建造、翻建、大修自住住房的；

（二）离休、退休的；

（三）完全丧失劳动能力，并与单位终止劳动关系的；

（四）出境定居的；

（五）偿还购房贷款本息的；

（六）房租超出家庭工资收入的规定比例的。

依照前款第（二）、（三）、（四）项规定，提取职工住房公积金的，应当同时注销职工住房公积金账户。

职工死亡或者被宣告死亡的，职工的继承人、受遗赠人可以提取职工住房公积金账户内的存储余额；无继承人也无受遗赠人的，职工住房公积金账户内的存储余额纳入住房公积金的增值收益。

第二十五条　职工提取住房公积金账户内的存储余额的，所在单位应当予以核实，并出具提取证明。

职工应当持提取证明向住房公积金管理中心申请提取住房公积金。住房公积金管理中心应当自受理申请之日起3日内作出准予提取或者不准提取的决定，并通知申请人；准予提取的，由受委托银行办理支付手续。

深度解析

根据我国相关法律规定，提取住房公积金大概需要经过以下五个步骤：（一）职工向本单位提出提取申请，由单位对职工是否符合提取条件进行初审；（二）单位核实并出具证明；（三）职工向住房公积金管理中心提出申请，同时提供有关证明文件；（四）管理中心审核，决定是否允许提取并通知申请人；（五）准予提取的，由受委托银行办理支付手续。

70. 公积金账户余额与个人计算的金额有差距时，该怎么做？

◆ 案例分析

陈某家原有一套160平方米的住房，因儿子结婚需要将房子腾给儿子作为婚房，陈某夫妇决定再购置一套80平方米左右的房子。二人预计家庭积蓄和住房公积金够付全款，于是到单位申请提取公积金。陈某提出申请时，发现自己的住房公积金账户余额与先前算的有出入，大概差1万元，于是向单位提出异议，但单位也无法给出一个明确的答复。请问：陈某应该怎么做？

住房公积金属于公民个人的合法财产，因此，当陈某对住房公积金账户余额有疑问时，根据我国法律规定，其有权查询自己住房公积金的缴存、提取情况，查明住房公积金的账户余额，并且当地住房公积金管理中心及受委托银行不得拒绝他的这一要求。当陈某对住房公积金查询余额有异议时，可以申请由受委托的银行复核，对银行的复核结果仍有异议的，可以申请由住房公积金管理部门重新复核。受委托银行和当地住房公积金管理部门应当在5日内给予陈某书面答复。

◆ 法律条文

《住房公积金管理条例》

第三十六条 职工、单位有权查询本人、本单位住房公积金的缴存、提取情况，住房公积金管理中心、受委托银行不得拒绝。

职工、单位对住房公积金账户内的存储余额有异议的，可以申请受委托银行复核；对复核结果有异议的，可以申请住房公积金管理中心重新复核。受委托银行、住房公积金管理中心应当自收到申请之日起5日内给予书面答复。

职工有权揭发、检举、控告挪用住房公积金的行为。

深度解析

《住房公积金管理条例》规定了职工对住房公积金的监督权利。根据该条例规定，职工若对账户余额有异议，有权申请复核。另外，对于挪用住房公积金的违法犯罪行为，职工有权揭发、检举、控告。

71. 出售社会保险个人权益记录的行为，将受到怎样的处罚？

◆ 案例分析

单某是某市医院副院长，每天工作非常繁忙，工作压力很大。2019 年的一天，单某接到一条小额贷款的短信，但并没有放在心上。谁知之后的几天，各种信息、电话轮番上阵，扰得单某非常苦恼。后来单某发现很多同事最近也遇到了类似的情况，便报了警，警方随即立案调查。经调查发现，原来是医院社保办公室工作人员何某将他们的信息高价卖给了其他机构，从中谋取利益。请问：何某将受到怎样的处罚？

《社会保险个人权益记录管理办法》第 30 条规定：“任何组织和个人非法提供、复制、公布、出售或者变相交易社会保险个人权益记录，有违法所得的，由人力资源社会保障行政部门没收违法所得……给社会保险基金、用人单位或者个人造成损失的，依法承担赔偿责任；构成违反治安管理行为的，由公安机关依法予以处罚；构成犯罪的，依法追究刑事责任。”本案中，何某的非法所得应由人力资源社会保障行政部门没收，对参保人员所造成的损失应给予赔偿。此外，何某还可能面临其他行政处罚，甚至刑事处罚。

◆ 法律条文

《社会保险个人权益记录管理办法》

第三十条 任何组织和个人非法提供、复制、公布、出售或者变相交易社会保险个人权益记录，有违法所得的，由人力资源社会保障行政部门没收违法所得；属于社会保险服务机构、信息技术服务商的，可由社会保险经办机构与其解除服务协议；依法对直接负责的主管人员和其他直接责任人员给予处分；给社会保险基金、用人单位或者个人造成损失的，依法承担赔偿责任；构成违反治安管理行为的，由公安机关依法予以处罚；构成犯罪的，依法追究刑事责任。

深度解析

社会保险个人权益记录包含了个人的很多重要隐私，单位和相关社保机构及保险公司都应对社会保险个人权益记录进行严格保护，保证个人隐私不被泄露。违反法律规定，对社会保险个人权益记录有违法行为的，应按法律受到相应的惩罚，对相关责任人给予处分。构成犯罪的，依法还应追究刑事责任。

72. 国家工作人员违法减免用人单位应当缴纳的社会保险费的，应受怎样的处罚？

◆ 案例分析

钱某在某市社会保险费征收机构工作，任副局长一职。2019年9月，钱某在审核某公司缴纳社会保险费的相关文件时发现，该公司的法定代表人是自己妻子的表哥，于是擅自将该公司应缴纳的社会保险费减免了十分之一。2020年年初，钱某因被人举报而东窗事发。请问：钱某作为一名国家工作人员，滥用职权违法减免用人单位应当缴纳的社会保险费，会受到法律怎样的处罚？

根据《社会保险法》第82条、第93条、第94条的规定，无论是社会保险工作人员，还是其他国家工作人员，其行政行为都会受到机关内部、社会舆论等多种形式的监督，一旦发现违法犯罪行为，任何单位和个人都有权提出检举、控告、投诉。对于国家工作人员滥用职权等违法行为要依法给予处分，构成犯罪的，要依法追究刑事责任。本案中，钱某的行为显然违法，甚至有可能构成犯罪，其应依法承担相应的责任。

◆ 法律条文

《中华人民共和国社会保险法》

第八十二条第一款　任何组织或者个人有权对违反社会保险法

律、法规的行为进行举报、投诉。

第九十三条 国家工作人员在社会保险管理、监督工作中滥用职权、玩忽职守、徇私舞弊的，依法给予处分。

第九十四条 违反本法规定，构成犯罪的，依法追究刑事责任。

深度解析

国家工作人员在社会保险管理、监督工作中滥用职权、玩忽职守、徇私舞弊的，应当依照《公务员法》给予行政处分。需要注意的是，国家机关工作人员在社会保险管理、监督工作中滥用职权、玩忽职守、徇私舞弊的，不仅需要承担行政责任，构成犯罪的，还应当承担刑事责任。这里的国家工作人员不仅指社会保险行政部门的国家工作人员，还包括卫生行政部门、财政部门、审计机关等机关的国家工作人员。

第九章
行政诉讼法律知识

- 证据
  - 书证
  - 物证
  - 视听资料
  - 电子数据
  - 证人证言
  - 当事人的陈述
  - 鉴定意见
  - 勘验笔录、现场笔录

这些证据经法庭审查属实，才能作为认定案件事实的根据

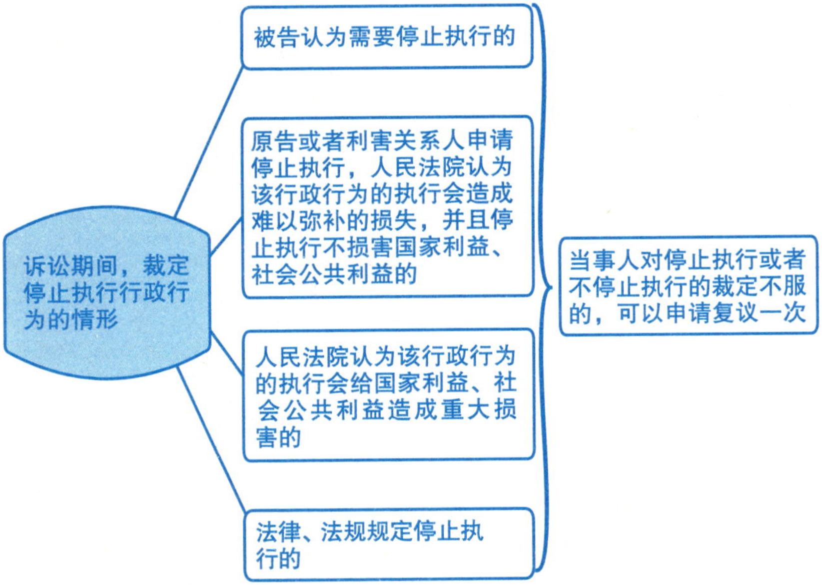
诉讼期间，裁定停止执行行政行为的情形
被告认为需要停止执行的
原告或者利害关系人申请停止执行，人民法院认为该行政行为的执行会造成难以弥补的损失，并且停止执行不损害国家利益、社会公共利益的
人民法院认为该行政行为的执行会给国家利益、社会公共利益造成重大损害的
法律、法规规定停止执行的
当事人对停止执行或者不停止执行的裁定不服的，可以申请复议一次

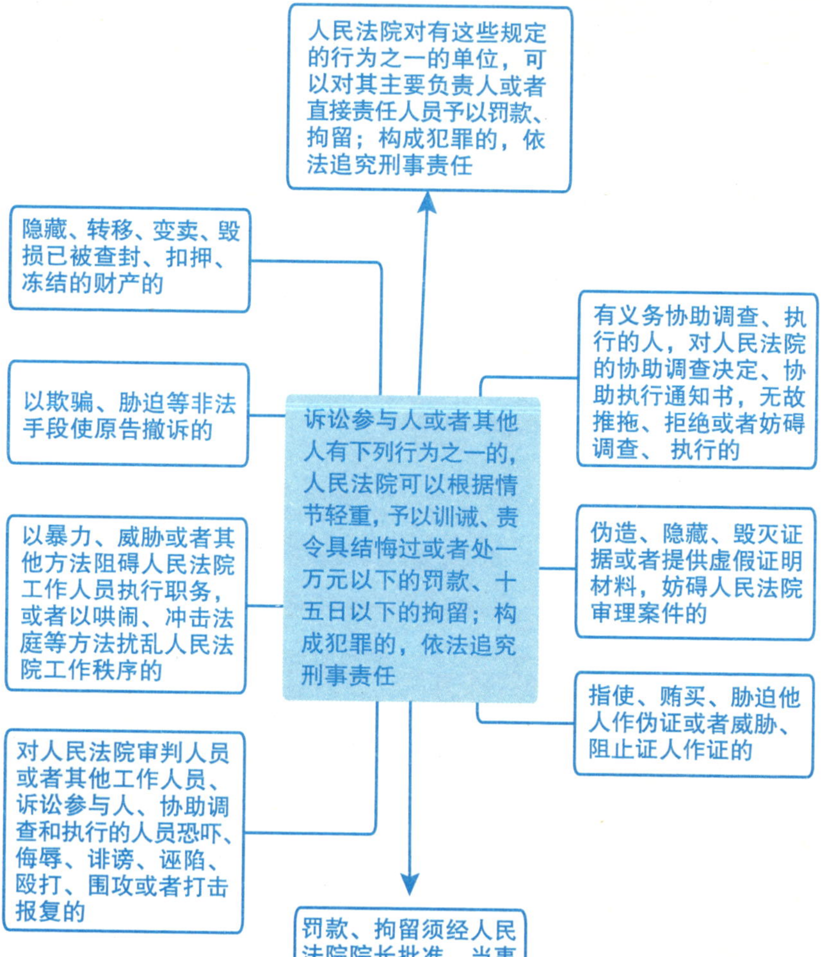
诉讼参与人或者其他人有下列行为之一的，人民法院可以根据情节轻重，予以训诫、责令具结悔过或者处一万元以下的罚款、十五日以下的拘留；构成犯罪的，依法追究刑事责任
人民法院对有这些规定的行为之一的单位，可以对其主要负责人或者直接责任人员予以罚款、拘留；构成犯罪的，依法追究刑事责任
隐藏、转移、变卖、毁损已被查封、扣押、冻结的财产的
以欺骗、胁迫等非法手段使原告撤诉的
以暴力、威胁或者其他方法阻碍人民法院工作人员执行职务，或者以哄闹、冲击法庭等方法扰乱人民法院工作秩序的
对人民法院审判人员或者其他工作人员、诉讼参与人、协助调查和执行的人员恐吓、侮辱、诽谤、诬陷、殴打、围攻或者打击报复的
有义务协助调查、执行的人，对人民法院的协助调查决定、协助执行通知书，无故推拖、拒绝或者妨碍调查、 执行的
伪造、隐藏、毁灭证据或者提供虚假证明材料，妨碍人民法院审理案件的
指使、贿买、胁迫他人作伪证或者威胁、阻止证人作证的
罚款、拘留须经人民法院院长批准。当事人不服的，可以向上一级人民法院申请复议一次。复议期间不停止执行

- 行政诉讼的判决
  - 判决撤销或部分撤销，并可以判决被告重新作出行政行为
    - 主要证据不足的
    - 适用法律、法规错误的
    - 违反法定程序的
    - 超越职权的
    - 滥用职权的
    - 明显不当的
  - 确认行政行为违法但不撤销
    - 行政行为有下列情形之一的，人民法院判决确认违法，但不撤销行政行为
      - 行政行为依法应当撤销，但撤销会给国家利益、社会公共利益造成重大损害的
      - 行政行为程序轻微违法，但对原告权利不产生实际影响的
    - 行政行为有下列情形之一，不需要撤销或者判决履行的，人民法院判决确认违法
      - 行政行为违法，但不具有可撤销内容的
      - 被告改变原违法行政行为，原告仍要求确认原行政行为违法的
      - 被告不履行或者拖延履行法定职责，判决履行没有意义的

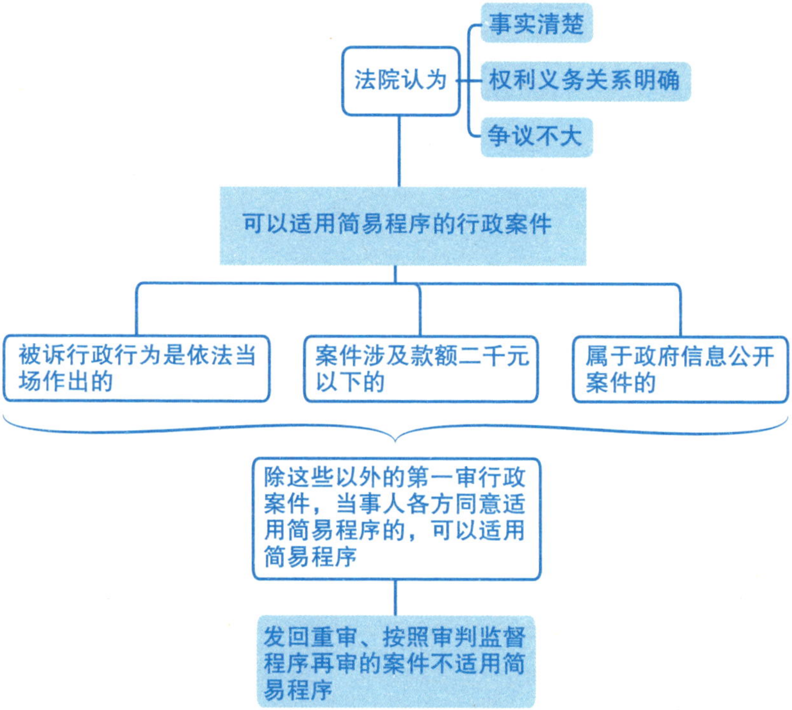
事实清楚
法院认为
权利义务关系明确
争议不大
可以适用简易程序的行政案件
被诉行政行为是依法当场作出的
案件涉及款额二千元以下的
属于政府信息公开案件的
除这些以外的第一审行政案件，当事人各方同意适用简易程序的，可以适用简易程序
发回重审、按照审判监督程序再审的案件不适用简易程序

行政机关拒绝履行判决、裁定、调解书的，第一审人民法院可以采取的措施

- 对应当归还的罚款或者应当给付的款额，通知银行从该行政机关的账户内划拨
- 在规定期限内不履行的，从期满之日起，对该行政机关负责人按日处五十元至一百元的罚款
- 将行政机关拒绝履行的情况予以公告
- 向监察机关或者该行政机关的上一级行政机关提出司法建议。接受司法建议的机关，根据有关规定进行处理，并将处理情况告知人民法院
- 拒不履行判决、裁定、调解书，社会影响恶劣的，可以对该行政机关直接负责的主管人员和其他直接责任人员予以拘留；情节严重，构成犯罪的，依法追究刑事责任

73. 行政诉讼中，被诉行政机关负责人不能出庭时，能否委托其他人出庭？

◆ 案例分析

2019 年 10 月 20 日，某县新城派出所接到报警称，杜某、赵某等 6 人在某酒店吃饭时，在明知自己没有消费能力的情况下消费了 1089 元之后拒不付款。派出所对此事进行调查，并将此案作为治安案件处理。经过调查后，该县公安局认定杜某、赵某等 6 人的行为已经构成寻衅滋事，决定对杜某、赵某等 6 人处以行政拘留 10 天的行政处罚。杜某等人不服该行政处罚决定，遂提起行政复议。复议机关维持了公安局的行政处罚决定。杜某等人依旧不服，将该县公安局告上法庭。法院受理案件后，确定了开庭日期。但是县公安局的负责人肖某因工作原因不能出庭。请问：在这种情况下，肖某是否可以委托其他人出庭呢？

依据《行政诉讼法》第 3 条第 3 款的规定，在行政诉讼中，被诉行政机关的负责人应当出庭应诉，不能出庭的应当委托行政机关相应的工作人员出庭。行政机关负责人出庭应诉在有效预防和化解涉诉行政争议，推动法治政府建设，优化行政司法审判环境等方面起着很重要的作用，但是很多时候被诉行政机关的负责人因工作或其他正当理由不能出庭应诉，在这种情况下，该负责人应当委托行政机关相应的工作人员出庭。

本案中，被告公安局的负责人肖某在开庭期间因工作需要不能出庭，属于有正当理由不能出庭，其可以委托公安局了解该案的工作人员出庭应诉，以维护被告的合法权益。

◆ 法律条文

《中华人民共和国行政诉讼法》

第三条　人民法院应当保障公民、法人和其他组织的起诉权利，对应当受理的行政案件依法受理。

行政机关及其工作人员不得干预、阻碍人民法院受理行政案件。

被诉行政机关负责人应当出庭应诉。不能出庭的，应当委托行政机关相应的工作人员出庭。

深度解析

法院和行政机关应当从保障当事人的起诉权利、强化受理程序约束等方面保证行政诉讼的入口畅通，完善对当事人的诉权保护。行政机关负责人出庭应诉，也破解了“告官不见官”的难题。

行政案件审判权由人民法院依法独立行使，需要确保以下几点：(一) 行政案件的审判权由人民法院统一行使。(二) 人民法院独立行使审判权，必须依照法律规定，不得独立于法律之外。(三) 任何行政机关、社会团体和个人都不得干涉人民法院依法独立行使审判权。(四) 人民法院独立行使审判权，是指由人民法院作为一个整体独立行使审判权。

74. 行政诉讼中，原被告双方谁承担举证责任？

◆ 案例分析

2020 年 5 月，某市生态环境局副局长带领工作人员对本市的污染企业进行突击检查。在检查过程中，检查组发现该市某造纸厂排污严重不达标，其排放的工业废水已经对周围的环境造成了危害，遂依据相关规定对该造纸厂处以停业整顿、罚款 10 万元的行政处罚。该造纸厂对生态环境局的处罚不服，提起了行政诉讼。请问：作为被告的市生态环境局是否要对其行政行为的合法性承担举证责任？

该市生态环境局负有举证责任。在行政诉讼当中，举证责任主要由被诉的行政主体一方承担。《行政诉讼法》之所以这样规定，是由于这样有利于保护原告一方的诉权。原告一方原本就处于劣势，如果让原告方负举证责任，会使原告方在行政诉讼中的诉权得不到实质性的保护。此外，由被告方负举证责任，有利于充分发挥行政主体的举证优势，让有能力的一方举证，更能有效地推进诉讼的进程。当然，除了以上两点，这一规定还考虑到由被告方负举证责任，可以促进行政主体依法行政，对行政主体起到监督的作用。本案中，按照我国法律的规定，造纸厂不必负举证责任，应由被告承担举证责任。

◆ 法律条文

《中华人民共和国行政诉讼法》

第三十四条第一款　被告对作出的行政行为负有举证责任，应当提供作出该行政行为的证据和所依据的规范性文件。

深度解析

提供证据的责任简称为举证责任，是指当事人在诉讼中对自己的主张有责任提供证据加以证明。如果不能提供证据，则可能导致在诉讼中败诉。行政法律关系的产生是基于行政机关的单方面的行为。在行政诉讼中，被告承担举证责任，其不仅要提供作出具体行政行为的事实根据和法律、法规等规范性文件的依据，而且应对提供的材料加以证明。

75. 行政诉讼中，在什么情况下被诉行政机关经法院准许可以补充证据？

◆ 案例分析

2020 年 3 月，某县公安局驻京工作组接到通知，称该县村民汪某“非正常上访”，要求工作组将汪某送回本县。该县公安局遂将汪某送回，并以汪某在北京扰乱公共场所秩序为由，对汪某处以拘留 15 天的行政处罚。汪某认为公安局的处罚决定不合法，于是向法院提起了行政诉讼。在行政诉讼过程中，汪某向法院提交了北京某公安分局对其训诫的证据材料。由于该证据材料汪某在行政程序中并未提交，因此某县公安局随即向法院提出了补充证据的申请。请问：公安局的申请会获得法院的准许吗？

本案中被告的请求可以获得准许。行政机关在作出行政行为时，必须有充分的证据，没有证据则不能作出该行政行为，即“行政有证在先原则”。此外，行政机关作为被告，应在收到起诉状副本后 10 日内举证，否则视为行政行为没有相应的证据，这将直接导致行政机关败诉的结果。也就是说，在被告作出行政行为之后收集的证据不能用于认定行政行为合法，但根据《最高人民法院关于行政诉讼证据若干问题的规定》第 2 条的规定，一审中原告或者第三人提出其在行政程序中未提出的理由或证据的，被告经人民法院准许可以补充相应的证据。

本案中，汪某作为原告在一审中提供的证明材料，在行政程序中并没有作为反驳理由或者证据提出，因此为了保证裁判公正，法院将依法允许行政机关申请补充相应的证据。

◆ 法律条文

《最高人民法院关于行政诉讼证据若干问题的规定》

第二条　原告或者第三人提出其在行政程序中没有提出的反驳理由或者证据的，经人民法院准许，被告可以在第一审程序中补充相应的证据。

深度解析

允许被告补充证据必须满足以下条件：（一）原告或者第三人在行政诉讼过程中提出了其在行政程序中没有提出的反驳理由或者证据的；（二）被告补充的证据证明是与原告或者第三人提出的在行政程序中没有提出的反驳理由或者证据相对应的；（三）被告补充证据必须经人民法院准许；（四）被告补充的证据必须在一审程序中提交。

76. 行政诉讼中，被告认为原告起诉超时效，由谁承担举证责任？

◆ 案例分析

2017 年 10 月，某钢结构公司工人孙某在施工过程中，自高处坠落，经抢救无效死亡。该市应急管理局以该公司未及时有效地消除安全生产隐患为由对该公司作出处以罚款 3 万元的行政处罚。2020 年 3 月，该钢结构公司认为自己已经尽到了安全生产管理职责，该处罚决定认定事实不清，证据不足，决定对该行政处罚提起行政诉讼。该市安全监督管理局认为原告起诉已经超过了法定期限，请问：对此应由谁来举证证明呢？

根据《最高人民法院关于行政诉讼证据若干问题的规定》第 4 条第 3 款的规定，被告认为原告起诉超过法定期限的，应由被告承担举证责任。由于行政法律关系中双方当事人地位的不同，行政机关处于主动地位，原告很难收集到证据。相对于原告而言，行政机关则具备专业知识和技术条件，具有充分的举证能力。因此，从举证难易的角度来考虑，由被告负举证责任更加公允、合理。原告一般只承担初步证明责任，如证明自己符合起诉条件、证明被告适格、符合管辖规定等。因此，本案中，被告主张原告的起诉超过了起诉期限，对此应由被告承担证明责任。

◆ 法律条文

《最高人民法院关于行政诉讼证据若干问题的规定》

第四条第三款　被告认为原告起诉超过法定期限的，由被告承担举证责任。

深度解析

行政诉讼时效是当事人能够针对具体行政行为向人民法院提起行政诉讼的有效期限，超过了这一期限，则当事人丧失了向人民法院提起行政诉讼的权利。而举证责任是直接关系到诉讼双方当事人能否胜诉的关键问题。在行政诉讼中，如被告行使时效抗辩权，则应由被告对原告是否达到或者超过起诉期限的事实承担举证责任。

77. 行政诉讼中，原告提供的证据不成立时，被告是否还需要证明被诉行政行为的合法性？

◆ 案例分析

2019 年 10 月，某市公安分局局长郭某带领手下警员在社区巡查时，发现某社区人员赵某正在吸毒。郭某等人遂将赵某抓获。后经过调查发现，赵某并非初次吸毒，此次系再度因吸毒被抓。郭某认为赵某吸毒成瘾，社区戒毒无效，遂对赵某作出强制戒毒一年半的决定。赵某不服，认为自己可以通过社区戒毒，无须强制戒毒，于是提起行政诉讼。赵某提供的证据经过质证后不能成立，那么被告是否还需要证明强制赵某戒毒的合法性呢？

在原告不能证明被告行为违法的情况下，被告仍需就其行政行为的合法性承担举证责任。在行政诉讼中，人民法院主要审查被诉行政行为的合法性，行政机关理所当然要向人民法院提供作出行政行为的证据和所依据的规范性文件，并且一般情况下应当在收到起诉状副本之日起 10 日内举证。

本案中，赵某对强制戒毒的决定不服，即使其提供的证明被诉行政行为违法的证据不成立，也不能因此免除公安局的举证责任。在诉讼过程中，原告可以提出证据来证明行政行为违法，但这只是原告举证权利的表现，而不是其应承担的证明责任。因此，即使证据不成立，原告也不必承担举证不利的法律后果，被告也不因此免除证明被诉行政行为合法的证明责任。

◆ 法律条文

《最高人民法院关于行政诉讼证据若干问题的规定》

第六条　原告可以提供证明被诉行政行为违法的证据。原告提供的证据不成立的，不免除被告对被诉行政行为合法性的举证责任。

深度解析

行政诉讼的诉讼标的是被告作出的具体行政行为。原、被告争议的焦点是具体行政行为合法与否。被告通常主张被诉具体行政行为合法，而原告的行为存在违法或不合法情形，为此被告就必须提供证据证明自己作出的行政行为有一定的法律依据，而原告则不必为自己行为的合法与否承担举证责任。即使原告没有证据或提供的证据不能证明被诉行为违法，也不能免除被告相应的举证责任。

78. 行政诉讼中，被告在诉讼程序中收集的证据可以证明被诉行政行为合法吗？

◆ 案例分析

2020年4月9日，某县交警大队接到报警称，朱某驾驶车辆沿乡间小路由西向东行驶，行至某县某村小学路口处时，与严某驾驶的电动三轮车相撞，导致严某受伤。但该县交警大队因故未及时出警，后听信严某的证言，认定朱某有逃逸行为，应承担本次事故的全部责任。朱某对交警队的认定不服，提起了行政诉讼。在诉讼过程中，交警大队队长徐某为证明朱某有逃逸行为，寻访到事故发生时的目击证人，并收集了该证人的证言提交法院。那么，在诉讼程序中，交警大队队长徐某自行收集的证人证言可以作为定案依据吗？

在行政诉讼中，行政诉讼证据的收集不同于其他诉讼，被告对被诉行政行为负举证责任，被告在行政诉讼过程中或者在作出行政行为之后收集的证据不能被采用。《最高人民法院关于行政诉讼证据若干问题的规定》第60条明确规定，被告及其诉讼代理人在作出具体行政行为后或者在诉讼程序中自行收集的证据，不能作为认定被诉行政行为合法的依据。本案中，某县交警大队在事故责任认定时，仅听信当事人严某的证言，没有调查收集朱某逃逸的证据，在法庭审判过程中才提交了相关证明和证据，因此，其提供的证据不能作为认定被诉行政行为合法的依据。

◆ 法律条文

《最高人民法院关于行政诉讼证据若干问题的规定》

第六十条　下列证据不能作为认定被诉具体行政行为合法的依据：

（一）被告及其诉讼代理人在作出具体行政行为后或者在诉讼程序中自行收集的证据；

……

深度解析

诉讼中被告不得自行收集证据是行政诉讼特有的证据规则。该规则包括以下两方面的内容：（一）它规定了被告禁止性行为规则，即被告在作出具体行政行为后不得再自行收集证据。（二）它规定了法院对该类证据的认证规则。对于绝对不得收集的证据，如果被告自行收集，应为无效证据。而对于仅仅是不得擅自收集的证据，如擅自收集则不必然无效，应当属于瑕疵证据，只要其不影响相对方的利益，证据的内容又具备真实性，法院可视情节采信。

79. 行政诉讼中，被诉行政机关以胁迫手段使原告撤诉的，会受到处罚吗？

◆ 案例分析

某县因城市规划需要对某小区进行拆迁改造，并任命马某为征收办主任。在拆迁过程中，该小区居民辛某向征收办递交了《信息公开申请表》，要求对征收决定及征收补偿决定等进行信息公开。马某对此未予理会，辛某遂提起了行政诉讼。在诉讼过程中，马某召集征收办工作人员威胁辛某撤诉。请问：被诉行政机关以胁迫手段使原告撤诉的，会受到处罚吗？

被诉行政机关以胁迫手段使原告撤诉的，会受到相应的处罚。根据《行政诉讼法》第59条的规定，诉讼参与人以欺骗、胁迫等非法手段使原告撤诉的，人民法院可以根据情节的轻重，对责任人予以训诫、责令具结悔过或罚款或者拘留；构成犯罪的，依法追究刑事责任。本案中，征收办利用自己享有行政权力的绝对优势，对行政相对人予以胁迫，迫使辛某撤诉，辛某可以向法院提出控告，请求法院予以保护，这样就可以避免自己的权益受到侵害，使得相关责任人受到应有的惩罚。

◆ 法律条文

《中华人民共和国行政诉讼法》

第五十九条　诉讼参与人或者其他人有下列行为之一的，人民法院可以根据情节轻重，予以训诫、责令具结悔过或者处一万元以下的罚款、十五日以下的拘留；构成犯罪的，依法追究刑事责任：

……

（五）以欺骗、胁迫等非法手段使原告撤诉的；

……

人民法院对有前款规定的行为之一的单位，可以对其主要负责人或者直接责任人员依照前款规定予以罚款、拘留；构成犯罪的，依法追究刑事责任。

罚款、拘留须经人民法院院长批准。当事人不服的，可以向上一级人民法院申请复议一次。复议期间不停止执行。

深度解析

扰乱、阻碍、破坏诉讼等行为，是妨害诉讼秩序的行为，人民法院可以依法对行为人采取强制措施，以维护诉讼的正常秩序。在具体衡量是否构成妨害行政诉讼的行为时，应当把握以下几个方面：（一）妨害行政诉讼的行为，必须是在行政诉讼期间实施的。（二）实施妨害行政诉讼行为的人，必须是故意妨害行政诉讼的正常进行。（三）必须根据行为人实施的行为是否造成了妨害行政诉讼秩序的后果，以及后果的严重程度，决定是否采取强制措施，以及采取何种强制措施。

80. 行政诉讼中，发回重审的信息公开案件可以适用简易程序吗？

◆ 案例分析

2019 年 9 月，某区人民政府信息公开办公室主任姚某接到居民穆某的申请，要求公开征收协议和支付给土地管理中心的相关费用的信息。2019 年 10 月，信息办主任姚某告知穆某其申请查询的内容涉及商业秘密及第三人利益，不属于政府信息公开的内容，不予公开。穆某提起了行政诉讼，请求撤销该告知书。一审法院驳回了穆某的诉讼请求，穆某提起上诉。二审法院认为一审适用法律不当，裁定发回重审。请问：发回重审的信息公开案件可以适用简易程序吗？

依据《行政诉讼法》第 82 条第 1 款的规定，人民法院审理部分第一审行政案件，认为事实清楚、权利义务关系明确、争议不大的，可以适用简易程序。该条以列举的形式明确规定了属于政府信息公开案件的可以适用简易程序。但是，该条第 3 款又明确规定，发回重审、按照审判监督程序再审的案件不适用简易程序。由此可知，不管是什么案由的案件，只要是发回重审和按照审判监督程序审理的案件，都不能适用简易程序审理。因此，政府信息公开案件被发回重审后不能适用简易程序审理。因为发回重审和按照审判监督程序再审的案件，一般都不是简单的“事实清楚、权利义务关系明确、争议不大”的案件，因而不宜适用简易程序审理。

本案中，信息公开案件的行政相对人穆某不服一审判决提出了上诉，二审法院审理后，认为一审适用法律不当，裁定发回重审。此案发回重审后不能适用简易程序审理。

◆ 法律条文

《中华人民共和国行政诉讼法》

第八十二条　人民法院审理下列第一审行政案件，认为事实清楚、权利义务关系明确、争议不大的，可以适用简易程序：

（一）被诉行政行为是依法当场作出的；

（二）案件涉及款额二千元以下的；

（三）属于政府信息公开案件的。

除前款规定以外的第一审行政案件，当事人各方同意适用简易程序的，可以适用简易程序。

发回重审、按照审判监督程序再审的案件不适用简易程序。

深度解析

适用简易程序审理的行政案件，由审判员一人独任审理，并应当在立案之日起45日内审结。对于事实清楚、权利义务关系明确、争议不大的一审行政案件，可以适用简易程序。《行政诉讼法》以列举的形式规定了行政诉讼中可以适用简易程序的案件，有助于节约诉讼成本，及时高效地化解矛盾争议。

81. 行政诉讼中，鉴定书中鉴定内容不全的，应当如何处理？

◆ 案例分析

某市食品卫生检疫部门在对本市一家知名乳制品公司进行检查时发现，该公司最新研发的一种酸奶制品不符合卫生部门的相关卫生管理标准，要求其立即停止生产，并且对企业处以20万元的罚款。该乳制品公司觉得自己的商品都是经过严格把关、精心研发的，是放心食品，对于市食品卫生检疫部门作出的行政决定实在不能接受，因此向人民法院提出了行政诉讼，并且提交了相关样品，申请进行专业鉴定。人民法院在受理了这一案件后，委托省内一家食品鉴定机构对该样品酸奶进行鉴定。经过鉴定，该鉴定机构出具了鉴定书，并在鉴定书中指出该乳制品公司的酸奶在原料搭配上确实存在不当，可能引发食物中毒等情况。但是人民法院在审查鉴定书的过程中发现，该鉴定书中缺少鉴定过程。请问：行政诉讼中，鉴定书中鉴定内容不全的，应当如何处理？

鉴定意见作为行政诉讼中证据的一种，必须符合证据的一般特征，即具有关联性、合法性和真实性。鉴定意见作为一种特殊的证据，首先要具有专业性。鉴定意见是具有某一专业知识的鉴定人对特定的被鉴定对象的专业认知结果，鉴定意见的得出必须符合专业理论规范和认知规律。其次要具有证据性。鉴定意见作为认定某一事实的依据，其表达形式必须符合法律对证据的规范要求。根据《最高人民法院关于行政诉讼证据若干问题的规定》第32条规定，对鉴定书应审查下列内容：鉴定的内容、鉴定时提交的相关材料、鉴定的依据和使用的科学技术手段、鉴定的过程、明确的鉴定结论、鉴定部门和鉴定人鉴定资格的说明、鉴定人及鉴定部门签章。上述内容欠缺或者鉴定结论[①]不明确的，人民法院可以要求鉴定部门予以说明、补充鉴定或者重新鉴定。在本案中，虽然鉴定机构给出了鉴定意见，但是由于鉴定书中存在法定事项的缺失，所以人民法院应当责令其说明、补充或者重新鉴定。

◆ 法律条文

《中华人民共和国行政诉讼法》

第三十三条　证据包括：

……

（七）鉴定意见；

……

《最高人民法院关于行政诉讼证据若干问题的规定》

第三十二条　人民法院对委托或者指定的鉴定部门出具的鉴定书，应当审查是否具有下列内容：

（一）鉴定的内容；

（二）鉴定时提交的相关材料；

① 现行法律规定已改为“鉴定意见”。

（三）鉴定的依据和使用的科学技术手段；

（四）鉴定的过程；

（五）明确的鉴定结论；

（六）鉴定部门和鉴定人鉴定资格的说明；

（七）鉴定人及鉴定部门签名盖章。

前款内容欠缺或者鉴定结论不明确的，人民法院可以要求鉴定部门予以说明、补充鉴定或者重新鉴定。

深度解析

鉴定意见是行政诉讼中十分重要的证据种类，法律对于鉴定意见书中的法定载明事项作出了专门的规定，目的在于充分保证鉴定意见的可信性与法定性。但是，在鉴定意见中鉴定内容欠缺或者意见不明确的，则不能直接以此鉴定意见作为证据，人民法院应当要求鉴定部门予以说明、补充或者重新鉴定。

图书在版编目（CIP）数据

干部法律知识学习手册：实用导图版 / 八五普法图书中心著 . —北京：中国法制出版社，2021. 10
ISBN 978 - 7 - 5216 - 2076 - 4

Ⅰ. ①干…　Ⅱ. ①八…　Ⅲ. ①法律 - 中国 - 干部教育 - 学习参考资料　Ⅳ. ①D920. 4

中国版本图书馆 CIP 数据核字（2021）第 145451 号

策划编辑：胡艺（ngaihu@ gmail. com）
责任编辑：王悦（wangyuefzs@ 163. com）　　封面设计：李宁

干部法律知识学习手册：实用导图版
GANBU FALÜ ZHISHI XUEXI SHOUCE：SHIYONG DAOTUBAN

著者/八五普法图书中心
经销/新华书店
印刷/三河市国英印务有限公司
开本/880 毫米 × 1230 毫米　32 开　　印张/8　字数/103 千
版次/2021 年 10 月第 1 版　　2021 年 10 月第 1 次印刷

中国法制出版社出版
书号 ISBN 978 - 7 - 5216 - 2076 - 4　　定价：39. 80 元

北京市西城区西便门西里甲 16 号西便门办公区
邮政编码：100053　　传真：010 - 63141852
网址：http：//www. zgfzs. com　　**编辑部电话：010 - 63141831**
市场营销部电话：010 - 63141612　　**印务部电话：010 - 63141606**

（如有印装质量问题，请与本社印务部联系。）